O que é o Ministério Público?

Confira as publicações da Coleção FGV de Bolso no fim deste volume.

FGV EDITORA

FGV de Bolso 16
Série Sociedade & Cultura

O que é o Ministério Público?

Alzira Alves de Abreu

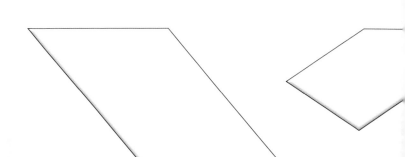

Copyright © Alzira Alves de Abreu

1ª edição — 2010

Impresso no Brasil | Printed in Brazil

Todos os direitos reservados à EDITORA FGV. A reprodução não autorizada desta publicação, no todo ou em parte, constitui violação do copyright (Lei nº 9.610/98).

Os conceitos emitidos neste livro são de inteira responsabilidade da autora.

Este livro foi editado segundo as normas do Acordo Ortográfico da Língua Portuguesa, aprovado pelo Decreto Legislativo nº 54, de 18 de abril de 1995, e promulgado pelo Decreto nº 6.583, de 29 de setembro de 2008.

COORDENADORES DA COLEÇÃO: Marieta de Moraes Ferreira e Renato Franco
PREPARAÇÃO DE ORIGINAIS: Marcia Capella
REVISÃO: Marco Antônio Corrêa e Fatima Caroni
DIAGRAMAÇÃO, PROJETO GRÁFICO E CAPA: dudesign

**Ficha catalográfica elaborada
pela Biblioteca Mario Henrique Simonsen/FGV**

Abreu, Alzira Alves de
  O que é o Ministério Público? / Alzira Alves Abreu. – Rio de Janeiro : Editora FGV, 2010
  124 p. (Coleção FGV de bolso. Sociedade & Cultura)

  Inclui bibliografia.
  ISBN: 978-85-225-0830-3

  1. Brasil. Ministério Público Federal. I. Fundação Getulio Vargas. II. Título. III. Série.

CDD – 341.413

Editora FGV
Rua Jornalista Orlando Dantas, 37
22231-010 | Rio de Janeiro, RJ | Brasil
Tels.: 0800-021-7777 | 21-3799-4427
Fax: 21-3799-4430
editora@fgv.br | pedidoseditora@fgv.br
www.fgv.br/editora

Sumário

Introdução   7

Capítulo 1
Um pequeno histórico   11
Os vários modelos de Ministério Público   11
Origens do Ministério Público   16
Origens do nosso Ministério Público   18
A redemocratização e suas conquistas   24
A Constituição de 1988   29

Capítulo 2
A estrutura   35
Ministério Público dos estados   35
Ministério Público Militar   41
Ministério Público do Trabalho   43
Ministério Público do Distrito Federal e territórios   46
Ministério Público Eleitoral?   47

Capítulo 3
Os campos de atuação   49
As atribuições   49
O funcionamento   50
A escolha do procurador-geral de Justiça   51

A independência em questão	54
Um diagnóstico do Ministério Público dos estados	57
Projeto de reengenharia do Ministério Público do Rio de Janeiro	60
O poder investigatório	64
As centrais de inquérito	68

Capítulo 4
Os defensores da sociedade — 73

Atuação de sucesso do Ministério Público do Trabalho	74
Atuação de sucesso do Ministério Público estadual	76
A máfia dos fiscais	79
Atuação na defesa do meio ambiente	80
Defensor do consumidor	83
Defensor dos interesses das populações indígenas	85
A defesa da criança, do adolescente e das pessoas idosas	87
A defesa em xeque: críticas ao Ministério Público	89
Chacina da Candelária	90
Prisão do diretor de Florestas do Ibama	96

Capítulo 5
A politização e suas consequências — 99

A politização no Ministério Público	99
Ministério Público e mídia	101
Lei da mordaça	111
Notas finais	114

Bibliografia — **119**

Introdução

O Ministério Público é hoje uma instituição de grande prestígio na sociedade brasileira. Teve sua atuação ampliada a partir da Constituição de 1988, quando tornou-se o meio mais eficiente de defesa do regime democrático, da aplicação das leis e dos direitos coletivos. É uma instituição fundamental para se entender a luta da sociedade pelo respeito aos direitos dos cidadãos. Seu crescimento institucional lhe garantiu o status de quarto poder.

A Constituição de 1988 deu um novo perfil ao Ministério Público. Pelo art. 127 "o Ministério Público é instituição permanente, essencial à função jurisdicional do Estado, incumbindo-lhe a defesa da ordem jurídica, do regime democrático e dos interesses sociais e individuais indisponíveis". Antes de 1988, era uma instituição ligada ao Executivo, responsável principalmente pela ação penal pública junto aos tribunais.

O Ministério Público brasileiro é composto por dois ramos: o Ministério Público da União (compreendido pelos ministérios públicos Federal, do Trabalho, Militar e o do Distrito Federal e territórios); e os ministérios públicos dos estados da Federação. Ele tem controle sobre os poderes Executivo e Legislativo e seus integrantes têm grande independência. Cabe à instituição o recrutamento de seus membros, que usufruem de vitaliciedade, inamovibilidade e irredutibilidade dos vencimentos. Possui orçamento próprio e é dotado de funcionários altamente profissionalizados, que ingressam na carreira por meio de concurso público. Seus membros, no desempenho de seus deveres profissionais, não estão subordinados a qualquer órgão ou poder – seja o Poder Executivo, seja o Poder Judiciário, seja o Poder Legislativo.

O Ministério Público não integra o Poder Judiciário, no entanto, suas funções essenciais desenvolvem-se no processo e perante juízos e tribunais. A independência e autonomia em relação aos outros poderes do Estado é uma das características que diferencia a instituição da de outros países onde se encontram órgãos semelhantes. Seus membros estão sujeitos ao controle de órgãos superiores e diretivos próprios: Procuradoria-Geral da Justiça, Colégio de Procuradores, Conselho Superior do Ministério Público e Corregedoria-Geral do Ministério Público. A instituição tornou-se o meio mais eficiente de defesa dos direitos coletivos, atuando na defesa do consumidor, na proteção do meio ambiente, no controle e defesa dos direitos constitucionais do cidadão e na defesa da criança e do adolescente. Tais poderes e atribuições dados ao Ministério Público brasileiro não são encontrados em nenhum outro do mundo.

Cabe ao Ministério Público denunciar ou investigar os atos que não respeitem os interesses sociais e apurar e propor medidas judiciais de ação penal pública e ação civil pública.

A ação do Ministério Público é muito ampla e parte importante de suas atribuições não foi regulamentada, o que lhe permite atuar, em alguns casos, em áreas destinadas a outros agentes políticos. No desempenho de suas funções, os procuradores acabam por criar fatos políticos que, muitas vezes, têm grande ressonância na mídia e na sociedade

A partir da compreensão desse importante órgão, este livro procura fornecer um panorama sintético sobre as principais esferas de atuação de forma a esclarecer o leitor sobre os desafios institucionais na construção e sedimentação do regime democrático brasileiro.

Capítulo 1

Um pequeno histórico

Os vários modelos de Ministério Público

Se observarmos as funções e atribuições do Ministério Público em outros países, veremos que as distinções em relação ao Brasil se encontram na sua localização, na estrutura do Estado, em sua relação com a polícia e na forma de seleção de seus quadros (Kerche, 1999:64). O Ministério Público, quando ligado ao Poder Executivo ou Legislativo, tem uma função executiva no Estado. A instituição sofre controle do poder político, o que pode ocorrer de várias maneiras.

Nos Estados Unidos, o Ministério Público está vinculado ao Poder Executivo, órgão encarregado da persecução criminal, e existe em três esferas: federal, estadual e dos condados. Na esfera federal, a maior autoridade é o United States Attorney General, órgão nomeado pelo presidente da República com a aprovação do Senado. Dirige o Departamento de Justiça, é encarregado de todos os assuntos relacionados com o direito e é responsável pela aplicação das leis. Procurador-geral, o *attorney general* é o sétimo na linha de sucessão presidencial dos Estados Unidos. Existem 94 cortes distritais federais em todo o território americano e, perante cada uma delas, funciona o gabinete de um US *attorney*, ou seja, o representante local do US *attorney general*. Cada US *attorney* é membro do Departamento de Justiça. São também nomeados pelo presidente, com aprovação do Senado, e atuam tanto na esfera civil quanto na penal. Exercem, ainda, a defesa judicial dos interesses do governo federal e de órgãos públicos federais.

O procurador-geral tem a função de assessorar o presidente da República em questões ligadas ao sistema jurídico, devendo atuar em assuntos envolvendo o mercado financeiro, medidas antitruste e comércio exterior, entre outros. Está voltado, essencialmente, para o combate à criminalidade, podendo exercer a ação penal. O Federal Bureau of Investigation (FBI) e a Drug Enforcement Administration (DEA) lhe são subordinados administrativamente.

No plano estadual, há o *attorney general of the State*, eleito pelo voto popular para mandato de quatro anos. Suas atribuições variam em cada estado, mas atua principalmente na área civil (defesa do meio ambiente, do consumidor, dos deficientes e idosos), além de estar incumbido da defesa judicial do Estado e de seus órgãos.

Na área penal, deve apoiar os ministérios públicos dos condados. Seus membros são escolhidos livremente pelo *attorney general* entre bacharéis em direito. Nos condados estão os *state's attorneys*, também chamados *districts attorneys*, igualmente eleitos para um mandato de quatro anos e com atribuições preponderantemente na esfera criminal. Nos Estados Unidos, todo o poder político está concentrado nas mãos do procurador-geral, o que se justifica pelo fato de ele ser eleito pelo voto popular. Cada novo procurador-geral pode imprimir à atuação do Ministério Público uma direção inteiramente nova, fundada em critérios políticos e pessoais (Ferraz, 1988:48-54).

Na França, onde teria se originado o Ministério Público moderno, seus membros são parte de uma magistratura especial, cabendo a eles defender o interesse público e determinados interesses específicos do governo perante os tribunais, especialmente os relacionados à política de segurança pública. São nomeados livremente pelo ministro da Justiça e a ele submetidos, devendo executar suas ordens.

O Ministério Público francês está inserido na estrutura do Poder Judiciário e não tem autonomia financeira nem orçamentária. Os membros do Ministério Público são considerados magistrados integrantes do Poder Judiciário. No entanto, mantêm um vínculo com o Poder Executivo, no que diz respeito a funções e organização, que se dá por meio do ministro da Justiça. O recrutamento de seus membros é feito por concurso público, pela Ecole Nationale de la Magistrature, instituição controlada pelo Poder Executivo. A atuação funcional do Ministério Público francês se dá no processo penal e no processo civil. Não há a defesa dos interesses do Estado, que tem seus advogados independentes.

O modelo alemão de Ministério Público é caracterizado por sua vinculação ao Poder Executivo. Há uma rígida e estreita dependência hierárquica dos procuradores da República em relação ao ministro da Justiça. Os procuradores da República na Alemanha são recrutados por meio de rigoroso exame de seleção. Atuam principalmente na área criminal. A eles compete, na fase preparatória da ação penal, buscar as provas favoráveis e contrárias ao investigado. São eles que decidem se a questão deve ser arquivada ou se devem promover a ação. Essa atribuição de persecução penal inclui também a direção das investigações criminais, com o auxílio das forças policiais. Os procuradores da República não são independentes no plano pessoal ou material e, na qualidade de funcionários, devem respeitar as instruções de seus superiores.

Na Itália, a Constituição de 1947 previu a inclusão do Ministério Público na magistratura. Tal inclusão ocorreu após a queda do regime fascista e indica a desconfiança que a sociedade italiana tinha do Poder Executivo. O Ministério Público e os juízes na Itália formam o mesmo corpo. A mesma instituição está encarregada de fazer a acusação e também o julgamento, o que dá grandes poderes aos magistrados italianos. Os magistrados do Ministério Público são selecionados por concurso público.

O Ministério Público em Portugal é órgão do sistema judicial nacional, encarregado de representar o Estado, exercer a ação penal, defender a legalidade democrática e os interesses que a lei determinar. Tem um corpo de magistrados próprios, separados da magistratura judicial (juízes). Essa magistratura é autônoma tanto da magistratura judicial como do poder político. O Ministério Público é constituído por procurador-geral da República, vice-procurador-geral da República, procuradores-gerais adjuntos, procuradores da República e procuradores adjuntos. O procurador-geral da República é responsável pela direção do Ministério Público, sendo o único magistrado indicado pelo poder político: é nomeado pelo presidente da República, sob proposta do governo e tem um mandato de seis anos. Os demais magistrados são de carreira e devem obediência às diretrizes funcionais de seus superiores. Seus integrantes são selecionados por concurso público, sendo vedado o exercício de atividade político-partidária de caráter público e a ocupação de cargos políticos, à exceção do de presidente da República e de membro do governo ou do Conselho de Estado (Jatahy, 2007:60).

No modelo espanhol, pela Constituição de 1978, o Ministério Público está integrado ao Poder Judiciário. Os procuradores (*fiscales*) são funcionários selecionados entre licenciados e doutorados em direito. Dependem, organicamente, da Procuradoria-Geral do Estado (Fiscalia General del Estado) e das respectivas delegações nos tribunais superiores de Justiça.

Há ainda um outro sistema, como indica Jatahy (2007:67), "vinculado ao Parlamento, na qualidade de Poder do Estado que representa a soberania popular e do qual precisamente emana a legalidade que a instituição haverá de defender". Foi inicialmente desenvolvido nos regimes comunistas do Leste europeu e depois estendido a Cuba. O poder do Ministério Público era enorme e atingia todos os órgãos públicos, empresas, instituições e organizações sociais. Era garantida aos integrantes da instituição a independência funcional no exercício de suas atribuições, colocando-os, porém, na dependência administrativa do procurador-geral, esse escolhido pelo Soviete Supremo, para um mandato de cinco anos, e que, por sua vez, designava os demais procuradores. Com a queda do regime soviético, a nova Constituição russa, de dezembro de 1992, voltou ao antigo modelo, no qual o procurador-geral está ligado ao Poder Legislativo, mas é indicado pelo presidente da Federação, ou seja, mantém um vínculo com o Poder Executivo.

Em Cuba, após a revolução socialista, foi adotado o modelo soviético. "A Procuradoria-Geral da República constitui uma unidade orgânica subordinada unicamente à Assembleia Nacional do Poder Popular e ao Conselho de Estado e se organiza de maneira vertical em toda a nação, sendo independente dos demais órgãos locais" (Jatahy, 2007:70).

Origens do Ministério Público

A trajetória do Ministério Público até chegar à forma que conhecemos hoje provoca muitas divergências entre os estudiosos do direito, no Brasil e no exterior. Para alguns, sua origem, há mais de 4 mil anos, está no magiaí, funcionário do faraó. Segundo textos descobertos em escavações no Egito, ele seria "a língua e os olhos do faraó". Tinha a função de castigar os criminosos, reprimir os homens violentos, proteger os cidadãos pacíficos e acolher os pedidos do homem justo, sendo o pai do órfão e o marido da viúva. Outros indicam que sua origem está nos éforos de Esparta, cinco magistrados anualmente eleitos, reunidos em um colégio tribunício para controlar a autoridade dos reis. As figuras romanas do *advocatus fisci*, dos censores e do defensor *civitatis* também são mencionadas. Mas há quem considere que os gregos e os romanos não conheceram uma instituição como a do Ministério Público, mas apenas algumas funções ou cargos semelhantes.

Na Idade Média, havia a função exercida pelos *saions* germânicos, funcionários de atuação fiscal, que tinham também a atribuição de defender os incapazes e os órfãos. Outras origens do Ministério Público estariam nos *bailios* da Suécia e senescais da época dos reis merovíngios. Estes dois últimos seriam encarregados da defesa dos senhores feudais em juízo.

A origem do Ministério Público pode estar também na Ordenança de 25 de março de 1302, de Felipe IV, o Belo, rei da França. Ele impôs que seus procuradores, antes de tudo, prestassem o mesmo juramento dos juízes, vedando-lhes patrocinar outros que não o rei. Felipe IV teria regulamentado o juramento e as obrigações dos procuradores do rei em termos que indicam que a instituição já preexistia (Mazzilli, 1989:3). Esses procuradores poderiam interferir em todos os assuntos que fossem considerados de interesse público. Eram conhecidos como *magistrature débout* e como *parquet*, denominações cunhadas em alusão à posição por eles ocupada nas audiências. Enquanto a *magistrature assise* ficava acomodada no estrado, eles apresentavam-se em pé ou sentados sobre o assoalho. Ainda assim, foram distinguidos com a prerrogativa de sentar-se no mesmo plano dos magistrados, participando da dignidade real (Axt, 2001:18).

Com o fim da Idade Média, quando se deu a separação de poderes do Estado moderno, foi que surgiu o Ministério Público. Até então, todos os poderes estavam concentrados nas mãos dos monarcas.

A expressão Ministério Público teria sido usada inicialmente no século XVIII na França. A Revolução Francesa deu grande destaque aos promotores. Com a Queda da Bastilha em 1789, foi instalada a Assembleia Constituinte e empreendida importante reforma política e constitucional. A nova legislação definiu o Ministério Público como agente do Poder Executivo, competente para fiscalizar o cumprimento das leis e dos julgados. Ele tinha independência em relação ao Legislativo e ao Judiciário. Mas foi com os textos napoleônicos que a instituição ganhou mais organicidade, em especial com o Código de Instrução Criminal de 20 de abril de 1810 (Axt, 2001:18).

Origens do nosso Ministério Público

Devemos buscar a origem do nosso Ministério Público nas Ordenações Afonsinas de 1446/1447, nas quais já se encontram os traços das Ordenações Manuelinas de 1514-1521, época em que as funções dos procuradores já aparecem. Nas Ordenações Filipinas de 1603, a figura do promotor de Justiça já aparece de forma mais sistemática. Há títulos que cuidam do procurador dos feitos da Coroa, do procurador dos feitos da Fazenda, do promotor de Justiça da Casa de Suplicação e do promotor de Justiça da Casa do Porto (Mazzilli, 1989:6).

Durante o período colonial e no período do Império, não se pode falar da existência da instituição Ministério Público. O que existia era um promotor de Justiça, mero agente do Poder Executivo encarregado da acusação no juízo de crimes. O primeiro texto legislativo a prever a figura do promotor de Justiça é datado de 1609, um diploma que regulava a composição do Tribunal da Relação da Bahia. Esse deveria contar com 10 desembargadores, um procurador de feitos da Coroa e da Fazenda e um promotor de Justiça. Em 1751, foi criada outra Relação na cidade do Rio de Janeiro que viria a se tornar a Casa de Suplicação do Brasil, em 1808, cabendo-lhe julgar recursos da Relação da Bahia. Nesse novo tribunal, o cargo de promotor de Justiça e o cargo de procurador dos feitos da Coroa foram separados, passando a ser ocupados por dois titulares. Pela primeira vez no Brasil, separaram-se as funções de defesa do Estado e do fisco e as de defesa da sociedade.

Durante o Império, com a Constituição de 1824, foi atribuída a acusação criminal ao "procurador da Coroa e Soberania Nacional". Não havia menção ao Ministério Público. A partir de 1828, passou a existir um promotor de Justiça junto a cada tribunal de relação, inclusive o da Corte, e em cada comarca. O Código de Processo Criminal do Império, de 1832, foi o primeiro diploma brasileiro a dedicar tratamento sistemático aos promotores (Jatahy, 2007:17). Havia uma seção destinada aos promotores, em que apareciam os principais requisitos para sua nomeação e suas funções institucionais.

A Proclamação da República, em 1889, trouxe, com o ministro da Justiça do Governo Provisório, Campos Salles, a criação do Ministério Público no Brasil. Os decretos nº 848, de 11 de outubro de 1890, e nº 1.030, de 14 de novembro de 1890, dedicados a realizar a reforma do Poder Judiciário, tinham capítulos reservados ao Ministério Público. A exposição de motivos do Decreto nº 1.030 diz:

> O Ministério Público, instituição necessária em toda organização democrática e imposta pelas boas normas da Justiça, está representado nas duas esferas da Justiça federal. Depois do procurador-geral da República, vêm os procuradores seccionais, isto é, um em cada estado. Compete-lhe, em geral, velar pela execução das leis, decretos e regulamentos que devam ser aplicados pela Justiça federal e promover a ação pública onde ela convier. A sua independência foi devidamente resguardada.

Ainda, no art. 164 do Decreto nº 1.030: "O Ministério Público é, perante as justiças constituídas, o advogado da lei, o fiscal de sua execução, o procurador dos interesses gerais do Distrito Federal e o promotor da ação pública contra todas as violações do direito" (apud Jatahy, 2007:19).

A primeira Constituição republicana, a de 1891, não mencionou a existência do Ministério Público como instituição. No entanto, em seu art. 58, §2º, aparece a figura do procurador-geral da República, que seria nomeado pelo presidente da República entre os ministros do Supremo Tribunal Federal, com atribuições que seriam definidas em lei. Os integrantes do Ministério Público não tinham estabilidade funcional. Podiam ser substituídos quando deixassem de "bem servir". O Ministério Público passou a ter representação em outros órgãos. Assim, em 1890, foi instituído o Tribunal de Contas da União, e o Ministério Público teve um dos seus membros designados para o cargo de procurador.

Com a instalação da República, foi feita a codificação do direito brasileiro. Foram promulgados o Código Civil, em 1917, o Código de Processo Civil, em 1939, o Código Penal, em 1940, e o Código de Processo Penal, em 1941. O Código Civil de 1917 deu ao Ministério Público atribuições como a curadoria de fundações (art. 26), legitimidade para propor ação de nulidade de casamento (art. 208, parágrafo único, II), defesa dos interesses dos menores (art. 394, *caput*), legitimidade para propor ação de interdição (art. 447, III) e legitimidade para promover a nomeação de curador de ausente (art. 463), entre outras funções.

Foi a Constituição de 1934 (capítulo VI) que deu um tratamento institucional ao Ministério Público, reservando-lhe um capítulo próprio e situando-o entre os órgãos de cooperação nas atividades governamentais, independente dos demais poderes do Estado. Ele seria organizado na União, no Distrito Federal e nos estados por leis próprias. Foram fixadas, pela primeira vez, garantias e prerrogativas aos membros do Ministério Público, destacando-se a estabilidade funcional e a investidura obrigatoriamente por concurso público. A nomeação do procurador-geral da República continuou como atributo do presidente da República, com a aprovação do Senado. Ficou vedada aos chefes do Ministério Público a acumulação do cargo com outras funções públicas, com exceção do magistério.

O Ministério Público ganhou representação na Justiça Eleitoral e na Justiça do Trabalho. Foram instituídos o Tribunal Superior Eleitoral, a Procuradoria da Justiça do Trabalho, e, no Ministério do Trabalho, foi criada uma Procuradoria de Previdência Social. Ainda pela Constituição de 1934, passou a ter assento em outras instituições e acesso aos tribunais superiores do país mediante o quinto constitucional, que reservava um quinto do número de vagas para preenchimento por parte de advogados ou membros do Ministério Público, escolhidos a partir de lista tríplice. Um procurador foi admitido no Tribunal Marítimo Administrativo e um procurador comercial foi designado para o Departamento Nacional de Indústria e Comércio. O Ministério Público passou a ter um representante no Tribunal de Segurança Nacional nomeado pelo presidente da República, de acordo com a Lei nº 244, de 11 de setembro de 1936. Isso ocorreu após a Intentona Comunista, em 1935, quando o Tribunal de Segurança Nacional foi instituído para julgar os revoltosos.

A Constituição de 1937, editada durante o Estado Novo, significou um retrocesso para o Ministério Público, que passou a ser considerado um "agente do Poder Executivo". Foi mantido o procurador-geral da República, nomeado e demissível pelo presidente da República. O Ministério Público assumiu novas funções, como requisitar a instauração de inquérito policial. Também pelo Código de Processo Civil de 1939, o Ministério Público passou a defender o direito de família e a proteção aos incapazes. Tornou-se, assim, o fiscal da lei, com a emissão de pareceres quanto ao mérito das demandas. Ainda durante o Estado Novo, em 1941, foi dado ao Ministério Público o poder de requisitar a instauração de inquérito policial e diligências em seu bojo, bem como a titularidade da ação penal pública.

Em junho de 1942, realizou-se em São Paulo o primeiro Congresso Nacional do Ministério Público, que teve como objetivo traçar as linhas comuns de procedimentos entre os órgãos estaduais e ampliar as garantias funcionais da categoria. O congresso sugeriu a organização de uma legislação nacional e a elaboração de códigos regionais para regulamentar o funcionamento da instituição em todo o país. Os congressistas recomendaram a criação de associações institucionais em todos os estados.

Com a queda do Estado Novo, em 1945, deu-se a convocação de uma Assembleia Nacional Constituinte em fevereiro de 1946. Pela nova Constituição, o Ministério Público ganhou título próprio, sem vinculação a qualquer dos outros poderes da República, prevendo-se a instituição tanto no âmbito federal como no estadual. Foram restabelecidas as garantias do concurso público, estabilidade e inamovibilidade. Além de referendar o procurador-geral, o Senado recebeu também a competência para processá-lo em casos de crimes e representação de inconstitucionalidade.

A primeira Lei Orgânica do Ministério Público da União foi de 30 de janeiro de 1951. Por essa lei, foram instituídos os cargos de subprocurador-geral da República e de procuradores da República do Distrito Federal e dos estados, esses divididos em três categorias.

A intervenção militar em 1964, com a deposição do presidente João Goulart, marcou o início de um período ditatorial. Em 1967, uma nova Constituição foi promulgada. O Ministério Público tornou-se um apêndice do Poder Judiciário. No entanto, conseguiu equiparação aos juízes. De acordo com art. 138,

Os membros do Ministério Público da União, do Distrito Federal e territórios ingressarão nos cargos iniciais de carreira mediante concurso público de provas e títulos. Após dois anos de exercício, não poderão ser demitidos senão por sentença judiciária ou em virtude de processo administrativo em que se lhes faculte ampla defesa; nem removidos, a não ser mediante representação do procurador-geral, com fundamento em conveniência do serviço.

Pela Constituição de 1967, o Ministério Público ganhou grande autonomia e independência ao se afastar do Poder Executivo.

Pela Emenda Constitucional de 1969, retornou ao âmbito do Poder Executivo sem independência funcional, financeira e administrativa. Também foi retirado o poder do Senado Federal de se pronunciar quando da nomeação do procurador-geral da República, que passou a ser de livre nomeação do presidente da República. As atribuições do procurador-geral da União foram ampliadas. Ele podia intervir por meio de ação direta para a declaração de inconstitucionalidade de legislação ou ato normativo estadual e para prever execução de lei federal, ordem ou decisão judiciária federal. Tinha a iniciativa de pedir a suspensão de direitos políticos de qualquer cidadão (Axt, 2001:110).

O Código de Processo Civil de 1973 consolidou a posição institucional do Ministério Público no processo civil e conferiu-lhe papel de órgão interveniente, fiscal da lei. Passou a ter papel interveniente em outros diplomas como a Lei do Mandado de Segurança, a Lei de Falências, a Lei de Ações Populares, a Lei de Alimentos, a Lei de Registros Públicos, a Lei de Acidentes do Trabalho etc. Nesse período, adquiriu novo perfil institucional, voltado para a defesa dos direitos sociais e direitos humanos.

Em 1973, foi criada a Associação dos Procuradores da República que, em 1981, se converteu na Associação Nacional dos Procuradores da República (ANPR).

A redemocratização e suas conquistas

O processo de abertura política, que se iniciou com a chegada à presidência da República do general Ernesto Geisel (1974-1979), permitiu ao Ministério Público retomar algumas de suas prerrogativas. Pela Emenda nº 7, de 1977, foi alterado o art. 96 da Emenda Constitucional de 1969, autorizando os estados a organizar a carreira de seus ministérios públicos, por meio de leis estaduais.

No período do governo do general Geisel, alguns acontecimentos permitiram a ampliação do papel do Ministério Público e serviram de modelo para implantação da instituição tal como foi pensada na Constituição de 1988.

Quando assumiu a presidência da República, em janeiro de 1974, o general Ernesto Geisel encaminhou ao Congresso Nacional projeto de lei para a fusão do antigo estado do Rio de Janeiro com o estado da Guanabara. O projeto foi aprovado em julho seguinte e, em setembro, Floriano Peixoto Faria Lima foi indicado governador do novo estado e encarregado de promover a união das duas entidades federativas. Nesse momento, teve início a fusão dos ministérios públicos carioca e fluminense. Para prepará-la, um grupo de trabalho com representantes das duas instituições foi criado em dezembro de 1974, sob a presidência do procurador Raphael Cirigliano Filho.

A Constituição do novo estado, promulgada em 23 de julho de 1975, deu ao Ministério Público estadual competência para fiscalizar a aplicação da lei e atribuiu à procuradoria-geral de Justiça funções administrativas. O novo procurador-geral de Justiça seria nomeado pelo governador do estado, e o cargo inicial da carreira seria provido por concurso público.

A atuação do grupo de trabalho que organizou o Ministério Público do estado do Rio de Janeiro muito ajudou na elaboração da Constituição Federal de 1988, na parte referente ao Ministério Público. As questões levantadas em 1975 sobre o modelo institucional a ser adotado no Rio de Janeiro contribuíram para o debate nacional, em 1987/1988, sobre o papel do Ministério Público num regime democrático.

Não foram poucas as dificuldades para integrar os ministérios do antigo estado do Rio e da Guanabara, que tinham estruturas e carreiras diferentes. Na Guanabara, por exemplo, os salários eram mais altos do que no estado do Rio. Na Guanabara, não existia qualquer município, enquanto o estado do Rio de Janeiro tinha vários e obrigava os iniciantes na carreira a trabalhar no interior.

A fusão teve papel fundamental na mobilização pela questão salarial e uniu não só o órgão administrativo como as associações de classe. O resultado foi a criação da Associação do Ministério Público do Estado do Rio de Janeiro (Amperj).

Várias tentativas foram feitas para solucionar as desigualdades salariais e de carreira. A falta de resposta aos pedidos encaminhados ao governador Chagas Freitas (1979-1983) acabou por levar a uma vigília institucional dos promotores e procuradores. Como não podiam fazer greve, ficaram 24 horas sem sair do Ministério Público. Embora sendo procurador aposentado, Chagas Freitas, em função de divergências políticas com os líderes da Amperj, não atendeu às reivindicações dos antigos colegas. Esses, em contrapartida, pediram a sua expulsão da entidade.

Essa mobilização contra Chagas Freitas é considerada por muitos promotores e procuradores importante nas articulações políticas posteriores da classe. Durante a campanha eleitoral de 1982 para a primeira eleição direta para governador desde 1965, os procuradores se mobilizaram e trabalharam para que os candidatos assumissem alguns compromissos com o Ministério Público. Uma das reivindicações era que fosse dado à classe o direito de indicar três nomes a ser enviados ao governador para a escolha e nomeação do procurador-geral de Justiça. Pediam, ainda, melhores condições de trabalho. Logo após a vitória de Leonel Brizola, a Amperj promoveu uma eleição interna e enviou os três nomes para o governador, que cumpriu o que havia prometido durante a campanha e nomeou o mais votado, Nicanor Fisher. Essa bandeira de luta do Rio de Janeiro seria depois levada para a Constituinte e acabaria sendo incorporada à Constituição de 1988.

Todo o período de transição para a democracia foi uma fase de grandes transformações para o Ministério Público. Em 14 de dezembro de 1981, pela Lei Complementar nº 40, veio a primeira legislação que organizou em nível nacional os ministérios públicos estaduais. Por essa lei, o Ministério Público foi considerado "uma instituição permanente e essencial à função jurisdicional do Estado, responsável, perante o Judiciário, pela defesa da ordem jurídica e dos interesses indisponíveis da sociedade, e pela fiel observância da Constituição e das leis". Essa definição foi praticamente repetida no art. 127 da Constituição Federal de 1988, que lhe atribuiu como princípios institucionais a unidade, a indivisibilidade e a autonomia funcional e garantiu-lhe autonomia administrativa e financeira decorrente de dotação orçamentária. Acrescentou à estrutura do órgão o Colégio de Procuradores e estabeleceu que os promotores fossem designados promotores de Justiça. Até então, havia uma discussão em torno da designação: ora falava-se em promotores públicos ora, em promotores de Justiça.

Em 1981, pela Lei nº 6.938, art. 14, foi instituída a Política Nacional do Meio Ambiente, marco jurídico na normatização de interesses difusos e coletivos no Brasil e também um marco na inclusão de novos instrumentos processuais, garantindo a legitimidade do Ministério Público para proposição de ação de responsabilidade civil e criminal por danos causados ao meio ambiente (Arantes,1999).

A atuação do Ministério Público tinha duas vertentes: uma criminal, em que o promotor era um persecutor, o agente que acusava e produzia provas; e outra civil, em que o promotor tinha função semelhante à da magistratura, em que era o fiscal da lei, trabalhando junto ao juiz. Aí se encontrava o promotor de família, de órfãos, de sucessões, de registro civil, de falência etc.

Em julho de 1985, o Ministério Público conquistou novas atribuições. A Lei nº 7.347, de ação civil pública, deu-lhe responsabilidade em toda ação civil pública em defesa dos chamados direitos coletivos ou interesse de todos, especialmente no que diz respeito a meio ambiente, consumidor e bens e direitos de valor artístico histórico, turístico e paisagístico; é a promotoria da chamada tutela coletiva, órgão mais voltado para a área social. Nessa fase, o promotor de Justiça passou a desempenhar o papel de agente que propõe a ação, requer diligências e produz provas, atuando na defesa dos interesses sociais coletivos.

Com a redemocratização do país e a vitória de Tancredo Neves nas eleições presidenciais indiretas de 1984, o novo presidente anunciou que, tão logo fosse empossado, constituiria uma comissão para elaborar projeto de reforma constitucional a ser examinado pela futura Assembleia Nacional Constituinte, tendo como coordenador o jurista Afonso Arinos. Após a morte de Tancredo Neves, o vice-presidente, José Sarney, assumiu a presidência e manteve a comissão presidida por Arinos. Ela foi composta por 50 integrantes entre juristas, advogados, professores de direito, empresários, cientistas sociais e jornalistas. Ficou conhecida como Comissão de Notáveis.

Nesse momento, o Ministério Público, em todos os estados da Federação, se mobilizou para formular propostas a ser enviadas aos constituintes. Em São Paulo alguns procuradores se destacaram, como o presidente da Confederação Nacional do Ministério Público (Conamp)*, Luís Antônio Fleury Filho, Plínio Arruda Sampaio; no Rio Grande do Sul, Ibsen Pinheiro; no Rio de Janeiro; Antônio Carlos Biscaia, Marfan Vieira, Carlos Antonio da Silva Navega, entre outros. Eles se organizaram e montaram uma equipe em Brasília para acompanhar o trabalho dos constituintes e levar as reivindicações do Ministério Público para ser incluídas na nova Constituição.

Em junho de 1985, em São Paulo, teve lugar o VI Congresso Nacional do Ministério Público, que tinha como objetivo formular propostas a ser encaminhadas à Constituinte. Em outubro, a Conamp enviou cerca de 6 mil questionários a todos

---

* A Conamp foi criada em dezembro de 1970, por ocasião do III Congresso Fluminense do Ministério Público com o nome de Associações Estaduais do Ministério Público (caemp). Em agosto de 1978 foi alterada a denominação para Confederação Nacional do Ministério Público, mantendo a sigla Caemp. Em dezembro de 1992, foi alterada a sigla para Conamp. Em junho de 2000, a denominação foi novamente alterada para Associação dos Membros do Ministério Público, mas manteve a sigla Conamp.

os promotores e procuradores de Justiça, para aprofundar as teses levantadas em São Paulo e dar subsídios sobre como deveriam ser encaminhadas à Constituinte as propostas sobre o perfil da instituição. Foi então elaborado um documento, que ficou conhecido como Carta de Curitiba, aprovado no I Encontro Nacional de Procuradores-Gerais de Justiça e Presidentes de Associações de Ministério Público, realizado em Curitiba nos dias 20, 21 e 22 de junho de 1986. O texto define os pontos mais importantes que iriam compor a estrutura do órgão na Constituição de 1988.

A Carta de Curitiba, de acordo com Mazzilli (1989:24), foi o

resultado, basicamente, do trabalho de harmonização de cinco fontes: a) os principais diplomas legislativos já vigentes (Constituição Federal e Lei Complementar Federal nº 40/81); b) as teses aprovadas no VI Congresso Nacional do Ministério Público (...); c) as respostas dos membros do Ministério Público do país a uma pesquisa, sob a forma de questionário padrão, elaborada em outubro de 1985 pela Conamp; d) o anteprojeto apresentado por José Paulo Sepúlveda Pertence à Comissão Afonso Arinos; e) o texto preparatório para a reunião final de Curitiba, realizada em junho de 1986.

A Constituição de 1988

A Constituição de 1988, promulgada em 5 de outubro, confirmou todas as conquistas que o Ministério Público vinha obtendo e ampliou sua importância, atribuindo-lhe não só a defesa da ordem jurídica, como também a do regime democrático. O §1º do art. 127 afirma que são princípios do Ministério Público a unidade, a indivisibilidade e a autonomia funcional. Por unidade entende-se o fato de que todo promotor integra um só órgão; indivisibilidade significa que seus membros podem ser substituídos uns pelos outros, segundo a forma estabelecida na lei: e autonomia funcional quer dizer independência no exercício de suas funções (Mazzilli, 1993:66).

A Constituição deu também ao Ministério Público as atribuições de promoção da ação civil pública (art. 127) para a proteção da sociedade no que se refere aos "interesses difusos, coletivos e individuais indisponíveis e homogêneos". Os direitos difusos são aqueles que pertencem a cada indivíduo e a todos ao mesmo tempo. São indisponíveis, ou seja, o indivíduo não pode deles dispor, e indivisíveis, porque não há fruição exclusiva por um único indivíduo (Maciel, 2001). Esses interesses englobam desde o direito a escola, saúde, moradia e transporte, passando pela defesa do consumidor, da infância, da juventude, do idoso e da moralidade administrativa e do patrimônio público. Pelo art. 129 da Constituição, o Ministério Público tem as funções de promover privativamente a ação penal na forma da lei. Tornou-se uma instituição com poderes para controlar os desvios do poder público e das atividades privadas. Tem a função de zelar pelo efetivo respeito dos poderes públicos e dos serviços de relevância pública, direitos assegurados na Constituição, promovendo as medidas necessárias a sua garantia.

Ainda pelo art. 129, foi-lhe dado promover o inquérito civil e a ação civil pública, para a proteção do patrimônio público e social, do meio ambiente e de outros interesses difusos e coletivos. Promover a ação de inconstitucionalidade ou representação para fins de intervenção da União e dos estados, nos casos previstos na Constituição, e exercer o controle externo da atividade policial, na forma da lei complementar mencionada no art. 128. Foi-lhe dada também a função de requisitar diligências investigatórias e a instauração de inquérito policial, indicados os fundamentos jurídicos de suas manifestações processuais. Deixou de ser vinculado ao Poder Executivo, não mais desempenhando funções de defensor dos interesses da União, e adquiriu independência administrativa em relação aos outros poderes. Tem autonomia para recrutar seus membros, vitaliciedade, inamovibilidade e irredutibilidade de seus vencimentos.

Pela Constituição, foram proibidos aos promotores e procuradores o exercício da advocacia, da atividade político-partidária (salvo exceções previstas na lei) e o exercício de qualquer outra função, exceto a atividade do magistério. Os promotores e os procuradores que tivessem ingressado na instituição antes de 1988 poderiam deixar de se submeter às novas proibições, optando por permanecer no regime anterior.

O Ministério Público da União abrange o Ministério Público Federal, o Ministério Público do Trabalho, o Ministério Público Militar, e o Ministério Público do Distrito Federal e territórios, além do Ministério Público dos estados.

O Ministério Público Federal, que é integrado pelos procuradores da República, é o de mais visibilidade para a população, principalmente por estar mais presente na mídia pelo fato de atuar perante a Justiça Federal, tanto na área penal quanto na área cível. É o ramo dedicado à investigação e à denúncia de crimes praticados contra o sistema financeiro, de lavagem de dinheiro, de apropriação indébita de recursos públicos, entre outros.

A chefia do Ministério Público da União é exercida pelo procurador-geral da República. Ele é escolhido livremente pelo presidente da República entre integrantes da carreira e a escolha é submetida à aprovação do Senado Federal. Nos estados e no Distrito Federal, cabe aos procuradores-gerais de Justiça a liderança da instituição. Eles são escolhidos pelos governadores em uma lista tríplice formada pelo voto de todos os integrantes da classe de cada estado. O ingresso na carreira se dá mediante concurso público de provas e títulos. É assegurada a participação da Ordem dos Advogados do Brasil na realização do concurso.

Os promotores e procuradores devem ser bacharéis em direito, com no mínimo três anos de prática jurídica. O promotor atua no primeiro grau de jurisdição (varas civis, criminais e outras), enquanto o procurador age no segundo grau (tribunais e câmaras cíveis e criminais). No Ministério Público Federal e no Ministério Público do Trabalho, os que atuam no primeiro grau de jurisdição são também denominados procuradores: procuradores da República e procuradores do Trabalho. Ao atuar no segundo grau de jurisdição, tornam-se procuradores regionais. Depois de procurador regional, ainda podem ser promovidos ao cargo de subprocurador-geral, caso em que são designados para atuar nos tribunais superiores. Os procuradores de estado estão vinculados aos poderes executivos municipais e estaduais e não têm qualquer relação com o Ministério Público.

Ao Ministério Público foi conferida a função de defensor do povo, ou *ombudsman*, de acordo com o art. 129, inciso II da Constituição. Por esse artigo, a instituição tem que "zelar pelo efetivo respeito dos poderes públicos e dos serviços de relevância pública aos direitos assegurados nesta Constituição, promovendo as medidas necessárias a sua garantia". Como lembra o procurador de Justiça, Carlos Roberto Jatahy (2007:31), a função de *ombudsman* tem sua origem na Constituição sueca de 1809, que criou a figura do comissário de Justiça, com a função de supervisionar a observância dos atos normativos pelos juízes e servidores públicos.

A lei de ação civil pública e o inquérito civil foram estruturados pelo Ministério Público de forma a garantir sua aplicação e sua ação em curto período de tempo. A instituição detém instrumentos que possibilitam investigações no âmbito do inquérito civil, por meio da promoção direta de diligências, como requisição de perícia, notificação e intimação de testemunhas, requisição de informações e documentos, acompanhamento de atos investigatórios junto não só à polícia, mas também a organismos administrativos em geral etc. A população tem reconhecido o papel positivo da atuação do Ministério Público, e é crescente o número de ações civis públicas propostas nas áreas de meio ambiente, cidadania, consumidor, infância e juventude. É verdade que as manifestações em processos judiciais no direito de família apresentam os mais altos índices, em comparação com os dados dos últimos anos referentes à cidadania, ao consumidor e ao meio ambiente.

Capítulo 2

A estrutura

Ministério Público dos estados

Há uma grande diversidade de modelos nas instituições estaduais. Há o Ministério Público estadual mais voltado para a persecução penal, assim como outros mais voltados para a justiça social. No entanto, pela Lei Orgânica Nacional (Lei nº 8.625/1993 – LONMP), são estabelecidas normas gerais e princípios que devem ser seguidos por todos.

O Ministério Público dos estados têm os seguintes órgãos de administração superior: Procuradoria-Geral de Justiça; Colégio de Procuradores de Justiça; Conselho Superior do Ministério Público e Corregedoria-Geral do Ministério Público. Há, ainda, as seguintes instâncias de execução: procurador-geral de Justiça; Conselho Superior do Ministério Público; procuradores de Justiça e promotores de Justiça.

A representação política do Ministério Público dos estados se dá pelo Conselho Nacional dos Procuradores-Gerais e pela

Associação Nacional dos Membros do Ministério Público (Conamp).

O procurador-geral de Justiça é escolhido pelo governador do estado entre os nomes que compuseram a lista tríplice eleita pelos membros da carreira. Para concorrer ao cargo de procurador, o membro da carreira deve preencher os requisitos estabelecidos em cada um dos estados, como o tempo de carreira, cargo ocupado ou idade. Em quase todos os estados, é exigido que o candidato tenha mais de 35 anos, 10 anos de carreira e que seja procurador de Justiça. Os governadores têm dado prioridade na escolha dos procuradores-gerais de Justiça aos classificados em primeiro lugar na lista tríplice. Em 2005, 73% dos escolhidos ocupavam o primeiro lugar na lista tríplice; 15,4% figuravam em segundo lugar; e 11,5%, em terceiro lugar, segundo o Diagnóstico do Ministério Público dos estados (Ministério da Justiça, 2006).

Quanto à atuação de cada Ministério Público nos estados, é possível identificar distintos graus de autonomia, uns mais sujeitos a pressões políticas, outros mais independentes e autônomos. Uns têm perfil institucional, mais voltado para o atendimento de determinadas demandas da sociedade, como o Ministério Público da Bahia, mais atuante no controle da atividade policial. Outros estão mais preocupados com a defesa dos direitos do cidadão, exemplo o Ministério Público da Paraíba e do Pará. O modelo existente em São Paulo, ou no estado do Paraná, parece ser o mais autônomo em todo o território nacional.

O Paraná desenvolveu uma iniciativa pioneira ao criar as promotorias de justiça da comunidade em 1995. Elas levam a Justiça até a população carente, instalam-se nos bairros pobres e buscam atender não só a questões individuais (separações, divórcios, pensões alimentícias etc.), mas também a questões coletivas, como saneamento básico, instalação de telefone público, criação de creches, escolas, postos de saúde etc. (Cavalcanti, 1999).

O projeto "O Ministério Público vai às ruas" foi inicialmente uma experiência realizada em Goiás e no Paraná e está inserido no Programa de Promotorias de Defesa Comunitária, criado em 1997. Na Bahia, o programa existe em Salvador e Feira de Santana (Sanches Filho, 2001:258-259). O projeto conta com ônibus equipados com gabinetes, computadores conectados à rede e ar-condicionado, reunindo condições para deslocamentos e atendimento à população.

A estrutura de funcionamento é integrada por digitadores, atendentes e dois promotores públicos, que se deslocam diariamente até os locais onde será feito o atendimento. Antes da chegada do ônibus, uma assistente social percorre os centros comunitários, informando os objetivos do projeto e os procedimentos para o atendimento ao público. Os locais escolhidos são os bairros populares na periferia de Salvador, onde é maior a carência de informações sobre o funcionamento da Justiça. Os promotores dão orientações e promovem acordos nos casos de investigação de paternidade, retificação de registro, controle de poluição sonora e, os casos mais comuns, ação de alimentos. Nesse caso, como informa Sanches Filho, o acordo celebrado pelo promotor, homologado judicialmente, é amparado pelo Código Civil. Esse trabalho inclui o encaminhamento da população aos órgãos adequados para a resolução de inúmeras questões que envolvem o sistema judiciário.

Em São Paulo, o atendimento às comunidades carentes está sendo feito pelo Centro de Integração da Cidadania (CIC). É um programa da Secretaria da Justiça e da Defesa da Cidadania. O projeto é uma parceria envolvendo o presidente do Tribunal de Justiça, o procurador-geral do estado, os secretários de estado da Justiça e da Defesa da Cidadania, da Segurança Pública, de Emprego e Relações de Trabalho, de Assistência e Desenvolvimento Social, da Habitação e da Cultura e os presidentes da Companhia de Desenvolvimento Habitacional Urbano (CDHU), da Companhia de Processamento de Dados do Estado de São Paulo (Prodesp), da Fundação Sistema Estadual de Análise de Dados (Seade) e da Fundação de Amparo ao Preso (Funap).

Foram criadas unidades do CIC na periferia de São Paulo que levam à população de baixa renda uma série de serviços públicos e possibilidade de solução de pequenos conflitos. São oferecidos pelo Ministério Público os serviços de orientação jurídica, acordos de pensão alimentícia, reconhecimento de paternidade, registro de nascimento, entre outros. O CIC também promove palestras para os líderes comunitários que buscam alternativas para a resolução de seus problemas. Emite carteira de identidade, carteira de trabalho e atestado de antecedentes e transmite informações sobre o direito do consumidor. O CIC de São Paulo leva, uma vez por mês, a diferentes escolas estaduais, informações sobre direitos humanos e defesa da cidadania.

No Rio Grande do Sul, o Ministério Público tem se destacado pela ação contra a má utilização dos recursos públicos locais, e é elevado o número de processos contra prefeitos. No ano 2000, chegava a 300 o número de prefeitos investigados e a 108 os que sofreram punições (*Veja*, 5 jul. 2000). O Rio Grande do Sul foi um dos pioneiros em instalar a Ouvidoria. Criada em maio de 2006, é um espaço de manifestação e encaminhamento de reclamações, denúncias, críticas, comentários e pedidos de informação. Outra forma de colocar a instituição mais próxima da população.

Vale observar as áreas de atuação do Ministério Público dos estados, tomando como exemplo o Rio de Janeiro.

Cível

Estão sob sua responsabilidade as promotorias de Justiça de família, as de registro civil das pessoas naturais, as de registros públicos, cíveis, de fazenda pública, empresarial, de liquidações extrajudiciais, de órfãos e sucessões, de fundações e as de proteção aos idosos e à pessoa portadora de deficiência.

Criminal

Estão vinculados ao $2^{\underline{o}}$ Centro de Apoio Operacional as promotorias de Justiça junto às varas criminais, aos juizados especiais criminais, aos tribunais do júri e à Auditoria de Justiça Militar.

Eleitoral

Para o cumprimento da missão constitucional de tutelar o regime democrático, os membros do Ministério Público têm as seguintes atribuições: formular representações e reclamações, objetivando a fiel observância das leis eleitorais; impugnar registros de candidaturas e ajuizar ações de investigação, no intuito de coibir eventuais abusos do poder econômico e político e mesmo deflagrar demandas para impugnação de mandatos eletivos.

Execução penal

O Ministério Público do estado do Rio de Janeiro tem 12 promotorias de Justiça com atribuição específica na área de execução penal para fiscalizar, em nome da sociedade, o integral cumprimento das penas privativas de liberdade (pena de prisão), das penas de multa e das penas restritivas de direito (em especial, prestação de serviços à comunidade, limitação de fim de semana e prestação pecuniária), assim como das medidas de segurança (internação em hospital psiquiátrico ou tratamento ambulatorial). Para isso, os promotores de Justiça de Execução Penal acompanham os processos judiciais de todos os apenados do estado, soltos ou presos, em todas as suas fases, desde o momento da condenação até o do término da pena. É também atribuição do promotor de Justiça de execução penal oficiar nas progressões ou regressões de regime, visitas periódicas ao lar, trabalho extramuros, livramento condicional, autorização para viagem, comutação de pena e indulto, entre diversas outras situações requeridas e decididas nos processos judiciais denominados carta de execução de sentença (CES) dos apenados. Outra atribuição dos promotores de Justiça é a função extrajudicial, fiscalizando, pessoalmente, os diversos estabelecimentos penitenciários do Sistema Prisional do Estado do Rio de Janeiro, nesses incluídos unidades prisionais, hospitais penais clínicos e psiquiátricos, patronato e instituições conveniadas.

Fundações

As atribuições do Ministério Público do Rio de Janeiro nessa área dizem respeito ao fornecimento aos governos federal, estadual e municipal, e a qualquer interessado, de informações sobre o desempenho de todas as fundações localizadas no estado do Rio de Janeiro. O objetivo é orientar a definição de parceiros e a concessão de incentivos governamentais.

Infância e Juventude

Nessa área, de acordo com a Lei nº 8.069/1990, é da responsabilidade do Ministério Público do Rio de Janeiro a promoção do inquérito civil e da ação civil pública para a proteção dos interesses das crianças e dos adolescentes, como, por exemplo, os direitos à vida, à saúde, à educação, à convivência familiar e comunitária, entre outros; a instauração de sindicância, a requisição de diligências investigatórias e a determinação da instauração de inquérito policial para a apuração de ilícitos ou infrações às normas de proteção à infância e à juventude; a fiscalização das entidades públicas e particulares de atendimento e dos programas voltados ao público infanto-juvenil; a fiscalização do processo de escolha e da atuação dos membros dos conselhos tutelares; a promoção e o acompanhamento dos procedimentos relativos às infrações atribuídas a adolescentes.

Ministério Público Militar

O Ministério Público Militar (MPM) pertence ao Ministério Público da União e é responsável pela ação penal militar no âmbito da Justiça Militar da União. Foi criado em 1920, quando se deu a instituição do Código de Organização Judiciária e Processo Militar. Em 1951, passou a integrar o Ministério Público da União, ao lado dos demais ramos federais. Sua atuação se faz junto às auditorias existentes em todo o território nacional e junto ao Superior Tribunal Militar.

De acordo com a Lei Complementar nº 75/1993, suas atribuições junto aos órgãos da Justiça Militar são:

- promover, privativamente, a ação penal pública;
- promover a declaração de indignidade ou de incompatibilidade para o oficialato;
- manifestar-se em qualquer fase do processo, acolhendo solicitação do juiz ou por sua iniciativa, quando entender que exista interesse público que justifique a intervenção;

- requisitar diligências investigatórias e a instauração de inquérito policial-militar, podendo acompanhá-los e apresentar provas;
- exercer o controle externo da atividade da Polícia Judiciária Militar.

São órgãos do Ministério Público Militar:

- procurador-geral da Justiça Militar;
- Colégio de Procuradores da Justiça Militar;
- Conselho Superior do Ministério Público Militar;
- Câmara de Coordenação e Revisão do Ministério Público Militar;
- Corregedoria do Ministério Público Militar;
- subprocuradores-gerais da Justiça Militar;
- procuradores da Justiça Militar;
- promotores da Justiça Militar.

O procurador-geral da Justiça Militar, chefe do Ministério Público Militar, é nomeado pelo procurador-geral da República, entre integrantes da instituição, com mais de 35 anos de idade e mais de cinco anos de carreira, escolhido em lista tríplice mediante voto plurinominal, facultativo e secreto, pelo Colégio de Procuradores, para um mandato de dois anos, permitida uma recondução, observado o mesmo processo.

A carreira do Ministério Público Militar é constituída pelos cargos de subprocurador-geral da Justiça Militar, procurador da Justiça Militar e promotor da Justiça Militar, sendo que o promotor é o cargo inicial da carreira e o subprocurador-geral o último nível a ser atingido, o ápice da carreira.

A Constituição prevê a criação da Justiça Militar estadual, que tem como competência processar e julgar os militares dos estados (policiais e bombeiros), nos crimes definidos em lei. Os membros do Ministério Público que deverão atuar perante a Justiça Militar não são integrantes do Ministério Público Militar e sim membros do Ministério Público estadual.

Ministério Público do Trabalho

O Ministério Público do Trabalho, de acordo com a Lei Complementar nº 75/1993, tem como atribuições, junto aos órgãos da Justiça do Trabalho:

- promover as ações que lhe sejam atribuídas pela Constituição e pelas leis trabalhistas;
- manifestar-se em qualquer fase do processo trabalhista, acolhendo solicitação do juiz ou por sua iniciativa, quando entender que exista interesse público que justifique a intervenção;
- promover a ação civil pública no âmbito da Justiça do Trabalho, para defesa de interesses coletivos, quando forem desrespeitados os direitos sociais constitucionalmente garantidos;
- propor as ações cabíveis para declaração de nulidade de cláusula de contrato, acordo coletivo ou convenção coletiva que viole as liberdades individuais ou coletivas ou os direitos individuais indisponíveis dos trabalhadores;
- propor as ações necessárias à defesa dos direitos e interesses dos menores, incapazes e índios, decorrentes das relações de trabalho;

- recorrer das decisões da Justiça do Trabalho, quando entender necessário, tanto nos processos em que for parte, como naqueles em que oficiar como fiscal da lei, bem como pedir revisão dos enunciados da súmula de jurisprudência do Tribunal Superior do Trabalho;
- funcionar nas sessões dos tribunais trabalhistas, manifestando-se verbalmente sobre a matéria em debate, sempre que entender necessário, sendo-lhe assegurado o direito de vista dos processos em julgamento, podendo solicitar as requisições e diligências que julgar convenientes;
- instaurar instância em caso de greve, quando a defesa da ordem jurídica ou o interesse público assim o exigir;
- promover ou participar da instrução e conciliação em dissídios decorrentes da paralisação de serviços de qualquer natureza, oficiando obrigatoriamente nos processos, manifestando sua concordância ou discordância, em eventuais acordos firmados antes da homologação, resguardando o direito de recorrer em caso de violação à lei e à Constituição;
- promover mandado de injunção, quando a competência for da Justiça do Trabalho;
- atuar como árbitro, se assim for solicitado pelas partes, nos dissídios de competência da Justiça do Trabalho;
- requerer as diligências que julgar convenientes para o correto andamento dos processos e para a melhor solução das lides trabalhistas;
- intervir obrigatoriamente em todos os feitos no segundo e terceiro graus de jurisdição da Justiça do Trabalho, quando a parte for pessoa jurídica de direito público, Estado estrangeiro ou organismo internacional.

Ainda dentro das suas atribuições, incumbe ao Ministério Público do Trabalho exercer funções institucionais previstas nos capítulos I, II, III, e IV do título I da Lei Complementar nº 75/1993, especialmente:

- integrar os órgãos colegiados previstos no §1º do art. 6º, que lhes sejam pertinentes;
- instaurar inquérito civil e outros procedimentos administrativos, sempre que cabíveis, para assegurar a observância dos direitos sociais dos trabalhadores;
- requisitar à autoridade administrativa federal competente, dos órgãos de proteção ao trabalho, a instauração de procedimentos administrativos, podendo acompanhá-los a produzir provas;
- ser cientificado pessoalmente das decisões proferidas pela Justiça do Trabalho, nas causas em que o órgão tenha feito intervenção ou emitido parecer escrito;
- exercer outras atribuições que lhe foram conferidas por lei, desde que compatíveis com sua finalidade.

Fazem parte do Ministério Público do Trabalho as seguintes instâncias:

- Procurador-geral do Trabalho;
- Colégio de Procuradores do Trabalho;
- Conselho Superior do Ministério Público do Trabalho;
- Câmara de Coordenação e Revisão do Ministério Público do Trabalho;
- Corregedoria do Ministério Público do Trabalho;
- subprocuradores-gerais do Trabalho;
- procuradores regionais do Trabalho;
- procuradores do Trabalho.

O Ministério Público do Trabalho tem como uma de suas prioridades garantir um ambiente de trabalho seguro e saudável. Entende-se como meio ambiente do trabalho um conjunto de fatores físicos, climáticos ou quaisquer outros que, interligados ou não, estão presentes e envolvem o local de trabalho do indivíduo. Em sua atuação nessa área, o Ministério Público do Trabalho baseia-se no conceito de saúde e segurança elaborado pela Organização Mundial da Saúde (OMS), nas normas da Organização Internacional do Trabalho (OIT), na Constituição, na Consolidação das Leis do Trabalho (CLT), bem como nas portarias e normas reguladoras do Ministério do Trabalho e Emprego.

Ministério Público do Distrito Federal e territórios

Exerce suas funções diante do Tribunal de Justiça e juízes do Distrito Federal e territórios. Pertence ao ramo do Ministério Público da União, conforme o art. 128 da Constituição de 1988. Possui as mesmas atribuições dos ministérios públicos dos estados. Tem por chefe o procurador-geral de Justiça, nomeado pelo presidente da República entre os integrantes da carreira, indicados em lista tríplice, mediante eleição, para mandato de dois anos, permitida uma recondução por igual período, de acordo com a Lei Complementar nº 75, art. 156, de 1993. Sua estrutura inclui ainda:

- Colégio de Procuradores e Promotores de Justiça;
- Conselho Superior do Ministério Público do Distrito Federal e territórios;
- Corregedoria do Ministério Público do Distrito Federal e territórios;
- Câmaras de Coordenação e Revisão;

- procuradores de Justiça;
- promotores de Justiça;
- promotores de Justiça adjuntos.

As atribuições do Ministério Público do Distrito Federal e territórios estão previstas no art. 150 da Lei Complementar nº 75/1993:

- instaurar inquérito civil e outros procedimentos administrativos correlatos;
- requisitar diligências investigatórias e a instauração de inquérito policial, podendo acompanhá-los e apresentar provas;
- requisitar à autoridade competente a instauração de procedimentos administrativos, ressalvados os de natureza disciplinar, podendo acompanhá-los e produzir provas;
- exercer o controle externo da atividade da polícia do Distrito Federal e territórios;
- participar dos conselhos penitenciários;
- participar, como instituição observadora, na forma e nas condições estabelecidas em ato do procurador-geral da República, de qualquer órgão da administração pública direta, indireta ou fundacional do Distrito Federal, que tenha atribuições correlatas às funções da instituição;
- fiscalizar a execução da pena, nos processos de competência da Justiça do Distrito Federal e territórios.

Ministério Público Eleitoral?

A Constituição de 1988 não incluiu o Ministério Público Eleitoral entre as modalidades distintas da instituição conforme se depreende do art. 128. Na estrutura atual, não há um Ministério Público Eleitoral de carreira e quadro institucional próprio, como ocorre com o do Trabalho e o Militar. Ele é composto por membros do Ministério Público Federal e do Ministério Público estadual. O procurador-geral da República exerce a função de procurador-geral eleitoral perante o Tribunal Superior Eleitoral (TSE) e indica membros para atuar no TSE (subprocuradores) e nos tribunais regionais eleitorais (procuradores regionais eleitorais, que chefiam o Ministério Público Eleitoral nos estados). Os promotores eleitorais são promotores de Justiça (membros do Ministério Público estadual) que exercem as funções por delegação do Ministério Público federal. A intervenção do Ministério Público Eleitoral pode ocorrer na proposição de reclamações e representações, atuando em todas as fases do processo eleitoral, como na inscrição de eleitores, convenções partidárias, registro de candidaturas, campanhas, propaganda eleitoral, votação e diplomação dos eleitos. Desse modo, o Ministério Público tem atuado como instituição auxiliar da Justiça Eleitoral na fiscalização, na garantia dos direitos políticos do país.

Capítulo 3

Os campos de atuação

As atribuições

Pela Lei da Ação Civil Pública, de 1985, o Ministério Público já tinha adquirido controle sobre as áreas do meio ambiente, do patrimônio histórico e cultural, do consumidor e a legitimação como órgão agente e destinatário de denúncias dos atos lesivos. A Constituição de 1988 ampliou seu campo de atuação ao prever a aplicação da ação civil pública a "outros interesses difusos e coletivos". Os interesses difusos se diferenciam dos interesses coletivos e suas características são: metaindividuais (pertencem a cada indivíduo e a todos ao mesmo tempo); indisponíveis (deles o indivíduo não pode dispor); indivisíveis (não há fruição exclusiva por um único indivíduo); possuidores de uma titularidade indeterminada. Segundo Maciel (2001), para efeito de proteção judicial, não é necessária a existência de um vínculo jurídico definido entre os sujeitos de direito.

Pela Constituição de 1988, as funções básicas da instituição resumem-se a promover a aplicação e a execução das leis em benefício dos interesses sociais ou individuais indisponíveis (arts. 127 e 129). Em 1993, quando foram definidas as atribuições e criado o estatuto do Ministério Público, foi-lhe dada a competência para a promoção de inquérito civil público e ação civil pública para a proteção dos interesses individuais indisponíveis, difusos e coletivos, relativos às comunidades indígenas, à família, à criança, ao adolescente, aos idosos, às minorias étnicas e ao consumidor; e de interesses coletivos ou difusos das pessoas portadoras de deficiência.

O funcionamento

Para controlar e fiscalizar as políticas públicas, exigir a prestação de um serviço que atenda bem a toda comunidade, a ação do Ministério Público nem sempre corresponde às atribuições que lhe foram dadas pela Constituição. Seria importante examinar algumas questões que estão limitando a redução da impunidade no Brasil. Devemos lembrar que a impunidade ocorre, em especial, no tocante ao controle das licitações feitas pelo governo, à lisura nos concursos públicos do Estado, ao cumprimento das obrigações nas áreas de saúde, educação e transporte, ao respeito às minorias raciais, à defesa do meio ambiente, enfim, em tudo o que se refere à defesa do cidadão. Isso pode nos ajudar a entender melhor o papel que o Ministério Público vem desempenhando como instituição responsável pela aplicação das leis e como instrumento para a construção da cidadania.

A escolha do procurador-geral de Justiça

Na pesquisa que realizamos sobre a atuação e o funcionamento do Ministério Público no Rio de Janeiro, encontramos alguns fatores que indicam as limitações na ação desse órgão. Um primeiro aspecto a ser examinado é o critério de escolha do chefe da instituição. O procurador-geral da República é escolhido pelo presidente da República entre os procuradores de carreira, com aprovação do Senado. Os procuradores-gerais de Justiça, que exercem papel correspondente nos estados, são escolhidos pelos governadores de cada estado.

No Rio de Janeiro, exige-se que os membros candidatos tenham pelo menos dois anos na carreira. A votação é plurinominal, ou seja, cada eleitor pode votar em até três nomes, e é a partir dessa eleição plurinominal que se organiza a lista tríplice. Todos os procuradores-gerais têm mandato fixo, não podendo ser destituídos por questões políticas. Até a Constituição de 1988, cabia ao governador a livre escolha do procurador-geral de Justiça, a qual podia recair sobre pessoas fora da carreira. Mas a forma atual de escolha também pode limitar a autonomia e levar os procuradores a buscar apoios políticos e compromissos com os governadores.

O critério atual tem suscitado debates e críticas. Em nossa pesquisa, ficou claro que a maioria dos promotores e procuradores entrevistados considera que a escolha deve recair sobre o mais votado da lista apresentada pela Associação do Ministério Público do Estado do Rio de Janeiro (Amperj). Segundo o procurador Carlos Roberto Jatahy, em entrevista concedida à autora no dia 7 de abril de 2006, o sistema atual deveria ser alterado, mantendo-se a lista tríplice, mas adotando-se uma eleição uninominal — cada pessoa votando em um candidato apenas. Além disso, o escolhido deveria ser submetido a uma sabatina pela Assembleia Legislativa, sem ingerência do governador. Outro procurador, Antônio Carlos Biscaia, considera que, se o governador escolhe e nomeia o procurador-geral de Justiça, mas não pode demiti-lo porque ele tem um mandato, "aquele que assume o cargo tem absoluta independência".

Para o procurador-geral Marfan Vieira Martins, esse processo induz à barganha política: "Do ponto de vista da democracia interna, ele é bom, porque há esse afunilamento — a classe impinge três nomes ao governador, e ele não pode sair disso. Mas, às vezes, na prática, esse processo acaba sendo pior do que a escolha livre. Não que eu esteja defendendo a escolha livre. Mas, na prática, acaba sendo pior, porque o governador, normalmente, quando escolhe, faz a escolha de uma pessoa que seja da sua relação, pessoa que fale de igual para igual com ele, muitas vezes um conhecido seu".

Marfan foi o mais votado da lista tríplice, era presidente da Amperj, mas não o preferido do governo. A governadora do Rio de Janeiro, Rosinha Matheus, temia um dirigente classista à frente do Ministério Público. Marfan diz que o fato de atuar na associação de classe interfere na escolha dos candidatos que vão integrar a lista tríplice, que pode ser influenciada por valores corporativos. O candidato se apresenta como defensor dos interesses da corporação, prometendo melhorias na situação funcional dos integrantes, melhoria salarial etc., o que pode estar em dissonância com o interesse social.

Na verdade, o critério de escolha do procurador-geral de Justiça permite um controle externo do Ministério Público.

Os procuradores hoje são poderosos, mas não têm legitimidade eleitoral, não foram submetidos ao voto popular, e o fato de alcançarem o cargo por meio de concurso lhes dá maior legitimidade profissional. Se houvesse uma eleição direta, sem passar pela escolha do governador, o Ministério Público teria o contorno constitucional de um verdadeiro quarto poder, e a consequência seria uma excessiva politização – essa é a opinião do procurador Antônio Carlos Biscaia.

Para a procuradora Gláucia Maria da Costa Santana, em entrevista concedida à autora, em 28 de setembro de 2006, a interferência do governador na escolha do procurador-geral de Justiça "é maléfica" pela natureza da atribuição. "Como órgão de fiscalização dos poderes constituídos, o Ministério Público tem que ficar distante dos poderes que irá fiscalizar". A seu ver, o desejável seria que a sociedade tivesse meios de escolher, em paralelo com os integrantes do Ministério Público, e não deixar nas mãos do gestor público.

A eleição direta sem interferência do Poder Executivo é hoje uma das reivindicações da classe, e isso aparece claramente na pesquisa sobre o perfil dos ministérios públicos estaduais do país (Ministério da Justiça, 2006). Para 81% da classe, a eleição deve ser direta. Essa opção difere se levarmos em consideração a opinião dos promotores e dos procuradores. Entre os primeiros, 83,7% concordam inteiramente com a eleição direta, índice que cai para 65,8% entre os procuradores. Em 2005, 73% dos procuradores-gerais (ou seja, na maioria dos estados da Federação) foram escolhidos pelos governadores entre os que estavam em primeiro lugar na lista tríplice. Eles agora querem oficializar o que já acontece na prática.

A independência em questão

Outro tema que vem mobilizando os integrantes do Ministério Público do Rio de Janeiro e que interfere em sua atuação está ligado à gestão administrativa da instituição e às condições de seu funcionamento. O intuito do procurador-geral de Justiça de reestruturar a carreira, ampliar o número de promotores, dar-lhes aumento de salários e melhores condições físicas de trabalho depende do apoio do governador, que precisa incluir essas demandas no orçamento do estado e em seguida obter a aprovação da Assembleia Legislativa, que vota o orçamento. O procurador-geral de Justiça tem, portanto, que conseguir recursos financeiros e obter a aprovação de projetos na Assembleia para regulamentar o funcionamento do Ministério Público. Ele exerce funções administrativas que o obrigam a negociar politicamente com o governador e com os deputados estaduais. Essas negociações nem sempre são vistas de forma positiva. Há sempre o receio de uma excessiva proximidade do poder, o que poderia levar à submissão do procurador-geral de Justiça aos interesses dos chefes do Executivo e do Legislativo.

Ao analisar a independência do Ministério Público em relação ao Executivo e Legislativo, o procurador Antônio Carlos Biscaia lembra que, apesar das dificuldades enfrentadas no primeiro governo de Leonel Brizola (1983-1987) como procurador-geral de Justiça, voltou a ocupar o cargo no segundo governo (1991-1994), quando foi o mais votado para compor a lista tríplice, com 83% dos votos. Brizola o nomeara, mas não lhe dava autonomia administrativa nem financeira. Biscaia procurou, inicialmente, o diálogo com o governador. Depois, como o problema não se resolvia, entrou na Justiça com um mandado de segurança contra Brizola, que lhe foi concedido. A autonomia para agir desse modo tinha sido conquistada pela Constituição de 1988, mas não estava assegurada. O relato de Biscaia pretende mostrar que é possível ter autonomia e independência em relação ao Poder Executivo.

Até 2000/2001 todas as funções de tutela coletiva estavam concentradas nas mãos do procurador-geral de Justiça. Cabia a ele delegar o poder a um membro do Ministério Público, podendo também retirar a delegação quando quisesse. Foram então criados os cargos (33 só na capital do estado do Rio) de tutela coletiva, fora as do interior. Isso permitiu ampliar a atuação do órgão e dar-lhe mais autonomia, segundo o promotor Rodrigo Terra, em entrevista à autora, no dia 24 de janeiro de 2006. Os promotores já não sofrem interferência política do procurador-geral de Justiça, passaram a ter independência funcional e são inamovíveis.

José Muiños Piñeiro Filho, ao assumir o cargo de procurador-geral de Justiça do Rio de Janeiro (1999-2003), encontrou uma série de deficiências que impediam o bom funcionamento da instituição. Não havia corpo de peritos, médicos legistas, engenheiros ambientais e florestais, biólogos, químicos, técnicos em diversas áreas. Procurou resolver a situação criando novos cargos, o que exigiu a aprovação da Assembleia Legislativa. As mudanças que ele introduziu permitiram mais agilidade na atuação de promotores e procuradores, na medida em que foi dada uma nova estrutura à instituição. No entanto, essas conquistas transformaram-se em pontos de conflito com integrantes do Ministério Público, que acusaram sua administração de complacente ou mesmo conivente com o Poder Executivo e de não cumprir os compromissos com a sociedade.

A fiscalização dos atos de abuso de poder e da defesa dos direitos coletivos, assim como a prestação de contas do trabalho realizado pelo Ministério Público do Rio de Janeiro são motivos de debates entre seus membros. O que a atuação do órgão parece indicar é que se trata de uma instituição altamente burocratizada, rotineira e com baixos índices de eficiência. A maneira como são feitos o controle da administração pública e a defesa da moralidade e probidade administrativa no estado tem suscitado muitas críticas dentro do próprio Ministério Público. Sem dúvida, há promotores e procuradores que buscam cumprir as atribuições que lhes foram dadas pela Constituição. Mas, de acordo com os depoimentos que colhemos, há uma tendência ao comportamento burocratizado.

A compreensão de que o Ministério Público é um órgão fundamental para a distribuição de justiça e consolidação da democracia tem incentivado a criação de instrumentos capazes de identificar o perfil de seus integrantes e estabelecer diagnósticos sobre sua atuação, com o intuito de introduzir mudanças na estrutura e funcionamento da instituição e assim fortalecê-la.

A pesquisa realizada pelo Instituto de Estudos Econômicos, Sociais e Políticos de São Paulo (Idesp), sob a direção de Sadek e Castilho (1998), com o patrocínio da Associação Nacional de Procuradores da República (ANPR), foi uma iniciativa que permitiu avançar no conhecimento do perfil dos integrantes do Ministério Público Federal. Foram enviados questionários a todos os integrantes da instituição que se encontravam na ativa. Dos 516 destinatários, 244 responderam ao questionário, correspondendo a 47,3% do universo. As conclusões da pesquisa indicam que o órgão é integrado, sobretudo, por jovens do sexo masculino. A média de idade era de 36 anos. Quanto à origem familiar, a maioria dos integrantes do Ministério Público Federal vinha de classe média e mesmo de classe média baixa. Verificou-se que 21% eram filhos de pais que exerciam atividades de nível superior, enquanto 57% tinham pais com atividades em postos subalternos. A situação econômica da família explica, em grande parte, porque 95% dos que responderam ao questionário afirmaram ter desempenhado atividade remunerada antes do ingresso na instituição.

A pesquisa mostra que 52% dos pais dos procuradores não tinham nível universitário e 72,5% das mães tinham escolaridade igual ou inferior ao segundo grau. Outro dado que ressalta da pesquisa é a avaliação dos integrantes do Ministério Público sobre a administração da Justiça no país: 94,5% julgam que há uma crise na Justiça e apenas 4% discordam. O Legislativo federal apareceu como o responsável pelo mau funcionamento da administração da Justiça, seguido do Executivo federal. Como obstáculos ao bom funcionamento da Justiça foram apontados: a falta de recursos materiais na polícia (93%), o mau desempenho da polícia (85%), o número insuficiente de juízes (84%), o excesso de formalidades nos procedimentos judiciais (84%), a falta de recursos materiais no Ministério Público (80%), o número insuficiente de procuradores (79%), a falta de recursos materiais no Judiciário (76%), a legislação ultrapassada (73%) e outros. Quanto à prestação da Justiça no país com as novas atribuições conferidas ao Ministério Público, 60% dos procuradores entrevistados avaliaram que ela melhorou muito.

Um diagnóstico do Ministério Público dos estados

Em 2006, o Ministério da Justiça, por meio da Secretaria de Reforma do Judiciário, apresentou o Diagnóstico: Ministério

Público dos estados, trabalho que teve a participação do Conselho Nacional de Procuradores-Gerais do Ministério Público (CMPG) e a Associação Nacional dos Membros do Ministério Público (Conamp). A pesquisa foi coordenada por Maria Tereza Sadek, da Universidade de São Paulo. Para traçar o perfil dos promotores e procuradores de todos os estados da Federação e fazer um diagnóstico do órgão, foram enviados questionários a todos os integrantes da instituição. Do total, apenas 27,5% responderam. O índice mais baixo de respostas foi o do Rio de Janeiro (13,5%), e o mais alto o de Santa Catarina (46,1%).

Entre as respostas obtidas, destaca-se a indicação da fragilidade da estrutura de auxílio aos promotores. Numa comparação com o Poder Judiciário, ficou evidente que a administração do Ministério Público precisa ser atualizada. Para cada 100 servidores na Justiça, há sete servidores no Ministério Público. Em áreas rurais, a disparidade é ainda maior. Existem localidades no interior do país onde não há computadores e os servidores são poucos. Por lei, os ministérios públicos têm direito a 2% do orçamento do governo do estado. Em Alagoas e na Bahia, os casos são gritantes. Em Alagoas somente 4% dos cargos existentes para servidores do Ministério Público são preenchidos e, na Bahia, só 5%. Nesse estado, apenas 43 servidores estavam empregados entre os 864 cargos existentes.

Para o ano de 2003, a pesquisa indicou que o Ministério Público estadual tinha uma média de 4,8 integrantes por 100 mil habitantes. Essa média evoluiu para 4,86 no ano de 2004, representando um aumento de 1,25% no número de membros ativos no período analisado. O crescimento do quadro de promotores mostra que o Nordeste apresentou o maior aumento, com 8,12%, enquanto o Sudeste mostrou uma redução de 3,25%. Outro dado que sobressai é a diferença entre as instituições nos diversos estados da Federação. O Amapá, por exemplo, nos anos de 2003 e 2004, apresentou média superior a 10 membros (promotores e procuradores) por 100 mil habitantes, quase o dobro da taxa nacional, que é de 4,5. O Rio de Janeiro ficou com média de 4,7, superior aos estados de São Paulo, Minas Gerais e Paraná. Em 2003, Bahia, Pernambuco e Pará apresentaram as menores médias, ficando abaixo de 3,8 integrantes por 100 mil habitantes. Já em 2004, apenas o Pará ficou abaixo desse índice.

A pesquisa mostra que a média de idade dos integrantes do Ministério Público é de 42,7 anos. No entanto, há diferenças quando se faz a distinção em relação a cargo, gênero e região. A média de idade entre os promotores é de 40,1 anos e atinge 57,9 anos entre os procuradores. A presença masculina na instituição é preponderante. Os homens representavam 68,6% dos que responderam ao questionário e as mulheres, 31,4%. Essa proporção é ainda mais expressiva quando se distingue os entrevistados por cargo: o grupo masculino corresponde a 66,4% entre os promotores e 80,8% entre os procuradores. A proporção de homens é significativamente mais baixa no Nordeste, quando se compara com as demais regiões.

O Ministério Público é constituído predominantemente por integrantes que se classificam como brancos: 83,6% do total. Em seguida, aparecem os pardos, com 12%, os negros, com 1,8%, e os amarelos, com 1,5%. Os brancos são proporcionalmente mais numerosos entre os procuradores do que entre os promotores: 87,5% e 82,9%, respectivamente. Há predominância de brancos no Sul e Sudeste e maior proporção de pardos no Nordeste. O maior percentual de negros está no Nordeste.

A religião católica é preponderante entre os entrevistados, seguida da religião espírita.

Em sua maioria, os integrantes do Ministério Público não estão matriculados em curso de pós-graduação. Somente 18% dos promotores estão nessa situação e 8,2% de procuradores. Não há diferenças em relação a homens e mulheres. O maior percentual de matriculados na pós-graduação está na região Norte. Entre os entrevistados, 39% têm títulos de especialização. Possuem o título de mestre 11,6%, não havendo diferenças entre promotores e procuradores nem entre homens e mulheres. O Sudeste e o Sul têm os percentuais mais altos e o Norte, o mais baixo. Quanto a título de doutor, há 5,1% no Sudeste com essa titulação, 2,9% no Sul, 2,1% no Centro-Oeste e 1,4% no Nordeste. No Norte, não há integrantes com título de doutor.

A maioria dos entrevistados não prestou concurso para outras carreiras do sistema de Justiça, o que pode indicar um comprometimento com as atribuições do Ministério Público.

A maioria dos entrevistados, 73,9%, ingressou no Ministério Público após a Constituição de 1988. Assim, o percentual dos que advogaram antes de exercer as funções de promotor é de apenas 5,5%.

Projeto de reengenharia do Ministério Público do Rio de Janeiro

A atuação do Ministério Público do Rio de Janeiro tem levantado inúmeras questões e críticas sobre o real cumprimento de suas atribuições. Ao tomar posse como procurador-geral do Rio de Janeiro, Marfan Vieira, diante da falta de mecanismos internos de aferição de resultados, resolveu criar um grupo de estudo para conceber um projeto de reengenharia institucional.

Oficializada em janeiro de 2006, a Comissão de Reengenharia elaborou um novo desenho para o modelo de gestão e organização institucional, baseado em ampla pesquisa no estado com todos os seus integrantes. As observações sobre o que pode e deve ser alterado no funcionamento do Ministério Público resultaram numa proposta de mudanças profundas na estrutura institucional, com a criação e transformação de órgãos, além de uma revisão conceitual de suas atribuições.

O novo perfil do Ministério Público não foi acompanhado por uma atualização de sua estrutura administrativa e organizacional. Tampouco houve uma adequação de seus membros às novas atribuições do órgão. Arantes (1999) mostra que ainda não foram regulamentadas pelo Legislativo as ações coletivas em defesa de direitos sociais como saúde, educação, segurança, trabalho, lazer e proteção à maternidade e à infância, o que obriga os promotores a invocar diretamente a Constituição.

As dificuldades do Ministério Público do Rio de Janeiro para responder às novas exigências da Constituição de 1988 foram discutidas dentro da Comissão de Reengenharia institucional encarregada de analisar os problemas existentes no funcionamento da instituição e propor medidas capazes de torná-la mais eficiente. A comissão foi coordenada pela procuradora de Justiça Heloisa Maria Daltro Leite e integrada pelos procuradores de Justiça Luis Roberto Saraiva Salgado, Talma Prado Castello Branco Júnior, Marcelo Daltro Leite e o promotor de Justiça Valério Teixeira do Nascimento.

De acordo com Heloisa Daltro Leite, em entrevista concedida à autora, em 11 de setembro de 2006, a estrutura administrativa do Ministério Público antes de 1988 era a de um órgão parecerista, ou seja, um ministério público que recebia o processo, elaborava seu parecer e o devolvia ao Judiciário. Isso mudou em 1988, quando a instituição adquiriu funções que exigem providências e iniciativas, principalmente na área civil e na área dos difusos. O Ministério Público passou a ser o advogado da sociedade. No entanto, inicialmente, os procuradores não se aperceberam dessas transformações e, como diz Heloisa Leite, continuaram "a trabalhar atrás da mesa", ou seja, continuaram pareceristas. Mas, a nova geração, que chegou após 1988, começou a reivindicar uma atuação de acordo com o novo Ministério Público. Faltava, no entanto, mudar sua estrutura administrativa e organizacional.

Para a elaboração da proposta de reengenharia, os integrantes da comissão visitaram os ministérios públicos do Rio Grande do Sul, de Santa Catarina, do Paraná, de São Paulo, de Minas Gerais, de Goiás e do Distrito Federal, com o objetivo de observar as medidas adotadas nesses estados para um novo modelo institucional. Um questionário foi encaminhado aos membros da classe do Rio de Janeiro para que dessem sua opinião sobre o que deveria ser feito para a elaboração de um novo modelo de atuação, capaz de tornar a instituição eficiente e com bom resultado social.

A comissão obteve resposta de 32% dos integrantes da classe. É importante ressaltar que 83% dos que responderam ao questionário consideram que o Ministério Público não está adequadamente estruturado e preparado para enfrentar os desafios e as demandas existentes na área criminal. Na área civil, o percentual alcançou 73%. Na tutela coletiva civil, 42% entendem ser apenas razoável a atuação do *parquet* fluminense.

As respostas aos questionários apontaram a necessidade de maior e melhor estrutura administrativa, com disponibilidade de assessores graduados em direito, peritos, em especial contadores e assistentes sociais, servidores administrativos e estagiários de direito e investigadores, bem como de um banco de dados e acesso a sistemas de informações. A integração entre as procuradorias e as promotorias de Justiça foi considerada pelos entrevistados como de grande importância. Para o sucesso da integração entre os órgãos de execução, os integrantes da classe sugerem a busca da efetiva união dos atores ministeriais.

Os entrevistados apontaram a necessidade de atuação do Ministério Público como órgão agente de defesa de todos os interesses sociais e individuais indisponíveis, visando à correção da realidade social a fim de que esta se amolde à ordem jurídica estabelecida, garantindo de modo efetivo a consecução dos direitos fundamentais. Para a concretização dessa atuação, 51% dos entrevistados indicam como solução a reengenharia institucional, para transformar os órgãos de execução com limitada relevância social em órgãos de tutela coletiva.

Para 40% dos entrevistados, o trabalho de reestruturação dos órgãos de execução deve permitir o aumento do número de órgãos onde há sobrecarga de demanda e a redução no número daqueles com menos demanda.

Após a análise das respostas ao questionário enviado aos membros do Ministério Público, a comissão dividiu o projeto de reengenharia em dois temas: "reengenharia das atribuições" e "revisão conceitual das atribuições". O primeiro "visa atender aos apelos quanto à criação de instrumento capaz de integrar os atuais órgãos de execução do Ministério Público, redimensionando-os". A proposta é criar um "gabinete de atuação integrada", órgão de execução pluripessoal, composto por Procuradoria de Justiça e Promotoria de Justiça, com atribuição extrajudicial e judicial nas esferas penal e não penal.

No segundo tema, o objetivo é dar "mais ênfase à atuação do Ministério Público em cada uma das matérias que lhe são afetas". Entre as propostas apresentadas, incluem-se "priorização da atividade ministerial como órgão agente; aprimoramento da estrutura administrativa e institucional; integração entre os órgãos de execução do Ministério Público; e mais justa e equitativa distribuição de volume de trabalho despendido pelos integrantes do *parquet*, todas visando ao mais amplo cumprimento do mandato constitucional outorgado e à consecução de efetivo resultado social".

É importante lembrar que nos outros estados da Federação o problema é o mesmo. Como indica Sadek, no estudo que coordenou sobre o Diagnóstico do Ministério Público dos Estados, não há dados sobre a atividade – fim da instituição. Isso decorre da falta de instrumentos e de procedimentos de controle desses dados. De outro lado, observa-se a adoção de critérios muito diferentes entre as instituições que realizam esse controle, o que inviabiliza, segundo a autora, a comparação ou compilação com os dados de outros estados.

O poder investigatório

Entre as questões que têm suscitado grandes debates, uma se tornou reivindicação dos promotores e procuradores de Justiça: o papel investigatório do Ministério Público. A Constituição de 1988 conferiu ao Ministério Público a possibilidade de participar da atividade policial (o inciso VII do art. 129 atribuiu ao Ministério Público controle externo da atividade policial), mas essa questão não foi regulamentada. O estado do Rio de Janeiro foi o primeiro a discutir uma forma de exercer o controle externo da polícia e harmonizar o desempenho das duas instituições.

O trabalho de investigação tem o caráter de apuração. Objetiva coletar dados, por meio de depoimentos, perícias e documentos, para que seja estabelecido o fato acontecido, se ele é criminal, e se o investigado é, ou não, o autor do fato. Desse modo, como explica Claudio Fonteles (*Jornal do Brasil*, 29 abr. 2007), o processo judicial tem por destinatário exclusivo o Ministério Público, que é a instituição única a acusar pessoas ante o Poder Judiciário, de acordo com o art. 129, I, da Constituição. Toda a questão está centrada no alcance do sistema acusatório. É a polícia o único órgão legitimado a investigar? Outros órgãos podem fazê-lo? O Ministério Público tem legitimidade para investigar? A discussão sobre o tema está referenciada no fato de que o texto constitucional não apresenta outros órgãos além do órgão policial como encarregados da investigação (art. 144, §§1º e 4º). Mas, como mostra Fonteles, o texto constitucional em nenhuma passagem privatizou, no serviço policial, a tarefa investigatória. A legislação infraconstitucional, especificamente o Código de Processo Penal, não só fez partilhar a tarefa investigatória com outros órgãos como também disse prescindir ao ato processual de acusar – esse sim privativo do Ministério Público na ação penal pública (Constituição de 1988, art. 129, I). Assim, outros órgãos têm legitimidade para investigar, como o INSS e a Receita Federal.

Para alguns, como o presidente da Associação Nacional de Membros do Ministério Público (Conamp), José Carlos Cosenzo, deve haver parcerias com policiais, pois os procuradores não reivindicam o monopólio do inquérito e sim uma participação no processo investigatório. Na opinião do ministro Joaquim Gomes Barbosa, egresso do Ministério Público, "o inquérito policial é procedimento exclusivo da polícia judiciária (art. 144 da Constituição), mas a elucidação dos crimes não se esgota no âmbito policial". Segundo Barbosa, nada impediria o Ministério Público – "titular da ação pública e destinatário natural dos inquéritos policiais" – de fazer investigações e, com base nelas, oferecer denúncias aos juízes e tribunais (*Jornal do Brasil*, 29 abr. 2007). Já o ministro Eros Grau afirma que o "Ministério Público não pode instaurar inquérito policial, que é só uma modalidade da investigação criminal, mas pode apresentar denúncia independente de inquérito policial". Para Grau, a redução do poder de atuação do Ministério Público beneficiaria, sobretudo, o crime organizado e os criminosos de colarinho branco (*Jornal do Brasil*, 29 abr. 2007).

A reação contra a função investigatória do Ministério Público pode ser exemplificada no caso da fraude no Sistema Único de Saúde (SUS) do Maranhão, quando o deputado federal Remi Trinta foi acusado pelo Ministério Público de desvio de verbas públicas. O Supremo Tribunal Federal questionou o poder de investigação do órgão, usando como argumento na defesa do parlamentar a nulidade da prova colhida diretamente por promotores de Justiça.

Contra essa decisão, houve várias manifestações por parte de procuradores e promotores de Justiça. A promotora Gláucia Maria da Costa Santana questionou essa atitude sob o argumento de que se trata de uma tentativa de reserva de mercado das instituições, o que acarretaria alto prejuízo no combate à criminalidade. Mas, além do corporativismo, a promotora chama a atenção para o fato grave de que integrantes do Poder Judiciário considerem a prova colhida por promotor de Justiça uma afronta à atribuição da polícia judiciária, única que deteria o monopólio investigativo.

Ela lembra que, enquanto se discute o impedimento

[d]o Ministério Público de investigar, esquece-se de apontar diversas outras circunstâncias nas quais a investigação é realizada por organismos estranhos ao Ministério Público e às polícias, como nos casos de crimes falimentares, de crimes praticados por juiz, de ilícitos apurados pelas CPIs, de crimes contra a ordem econômica, de crimes contra as florestas e demais formas de vegetação, de crimes cometidos nas dependências do Poder Legislativo, entre outros. Além dos mais, os resultados de todas essas investigações são remetidos ao Ministério Público, único detentor de atribuição para a propositura da respectiva ação penal em juízo. Ainda que tanto não bastasse, sobrelevam as hipóteses em que a ação penal a ser proposta pelo promotor de Justiça independe do inquérito policial, como nos crimes de imprensa, nos crimes eleitorais, nos crimes de abuso de autoridade, naqueles casos em que são vítimas as crianças, os adolescentes, os idosos etc. Como se vê, o rol de ocorrências cuja investigação não é exclusiva da polícia judiciária demonstra que a celeuma está longe de seu fim (*O Globo*, 26 ago. 2004).

A questão central do debate está baseada, do ponto de vista dos partidários da ampliação do poder de investigação do Ministério Público, no argumento de que essa ampliação traria mais acesso à Justiça para a população, pois os inquéritos seriam mais bem feitos e haveria mais punição. Alguns estudiosos do tema indicam que a dependência em relação a outras instituições, particularmente o Judiciário e a polícia, limita a ação do Ministério Público, já que essas "organizações podem tanto facilitar como dificultar ou mesmo impedir o andamento de uma investigação ou de uma ação" (Sadek, 2000:17). Os adversários dessa posição, os policiais e a Ordem dos Advogados do Brasil (OAB) apontam o despreparo do Ministério Público para conduzir uma investigação e o fato de a autoria da denúncia ser do próprio Ministério Público, o que resultaria em falta de isenção para buscar a "real verdade" na fase investigatória e, portanto, produziria distorções (Jalles, 2007:119).

Outros argumentos aparecem nesse debate, um deles é que os delegados perderiam suas posições e status. Há também o argumento contrário de que o Ministério Público não tem estrutura para assumir essa tarefa. Os delegados de polícia defendem a posição de que a Constituição instituiu o controle administrativo dos inquéritos pelo Ministério Público, mas não o controle do inquérito policial nas mãos do Ministério Público (Jalles, 2007:120).

As centrais de inquérito

A partir de 1991, foram criadas, numa ação conjunta da Procuradoria-Geral da Justiça do Rio de Janeiro e da Corregedoria-Geral da Justiça, as chamadas centrais de inquérito. Estas levariam à reestruturação do Ministério Público estadual, que deveria sistematizar e cuidar dos inquéritos policiais, bem como produzir peças de informação. O promotor poderia investigar sem recorrer à polícia.

Quando, em 1991, o corregedor-geral publicou ato normativo retirando dos juizados a competência de receber as peças policiais e determinou que os inquéritos, a partir de então, deveriam seguir diretamente para o Ministério Público do Rio de Janeiro, verificou-se que haveria milhares de inquéritos policiais da Polícia Civil cujos processos teriam que receber andamento. O então procurador-geral de Justiça, Antônio Carlos Biscaia, decidiu reestruturar a área criminal do Ministério Público do Rio de Janeiro e organizou as promotorias de investigação penal (PIPs) e as centrais de inquérito. As PIPs ficaram responsáveis pelo inquérito policial, inclusive o ato de propor a ação penal pública, e eram organizadas com base na área de circunscrição das delegacias e em razão da matéria do delito (Jalles, 2007:122).

As centrais de inquérito, por sua vez, eram conjuntos de promotorias encarregadas de:

- receber os autos encaminhados pelas delegacias de polícia, bem como outras peças de informação que lhes fossem remetidas;
- tombar os feitos e confeccionar as fichas de controle e andamento;
- encaminhar os feitos à Promotoria de Investigação Penal com atribuição para neles funcionar;
- elaborar mapas de distribuição dos feitos, para fins informativos e estatísticos;
- devolver os autos à delegacia de origem, quando houver determinação de baixa;
- remeter os feitos ao juízo competente, quando houver sido oferecida denúncia, pedido de arquivamento ou qualquer outra medida que deva ser conhecida e apreciada pelo Poder Judiciário;
- manter o controle completo do andamento dos inquéritos e processos, em especial quanto à observância dos prazos legais;
- fornecer respaldo administrativo necessário à realização de diligências complementares a inquéritos policiais e peças

informativas pelas promotorias de investigação penal (apud Jalles, 2007:122).

As centrais de inquérito possibilitaram inúmeras ações do Ministério Público que tiveram grande êxito. Foi durante a gestão de Biscaia e na vigência das centrais de inquérito que se deu a apreensão de documentos que levaram, em seguida, à prisão dos líderes do jogo do bicho no Rio de Janeiro, em 1994, o que teve enorme repercussão nacional. Foi apreendida na casa do banqueiro de bicho Castor de Andrade uma lista com os nomes de políticos, policiais, empresários e artistas que recebiam dinheiro do contraventor. A prisão do bicheiro e a apreensão do material, que incriminou várias personalidades da vida pública, foram atribuídas à atuação do Ministério Público do Rio de Janeiro. A mídia deu grande destaque à eficiência do órgão, resultado de um trabalho conjunto dos promotores com a Polícia Civil.

No entanto, muitos argumentos contrários ao controle externo da atividade policial pelo Ministério Público se fizeram ouvir, e várias ações de inconstitucionalidade foram propostas pela Associação de Delegados do Rio de Janeiro. A partir de janeiro de 1998, com a Resolução nº 55, de dezembro de 1997, o Ministério Público perdeu a prerrogativa de controle sobre o inquérito penal e houve a volta ao trâmite original – o promotor tem que requisitar informações à polícia e cobrar providências do Poder Judiciário quando ocorre o descumprimento de uma tarefa importante para informar um processo. O Ministério Público voltou a ser uma instituição que depende do funcionamento do Poder Judiciário, as centrais de inquérito perderam grande parte de suas funções e os inquéritos voltaram para as mãos dos juízes.

É importante lembrar que a produção de provas em um inquérito criminal é fundamental e que, em muitos casos, nessa fase é definido o rumo de um processo. Assim, a relação entre a polícia e o Ministério Público é crucial.

Como indica a pesquisa realizada por Sadek e Castilho (1998:31),

> essa rejeição tão forte às tentativas do Ministério Público de concretizar a lei sugere que a polícia tem investigado as infrações criminais com critérios exclusivos, erigidos por ela própria, sem ser molestada pelo Poder Judiciário. É um espaço de poder até agora intocado. Subordinação ao Ministério Público significaria perda de poder.

Ainda segundo a mesma pesquisa, os integrantes do Ministério Público consideram que os insucessos na repressão penal estão relacionados com a atuação da polícia, seja pela demora na investigação seja pelo despreparo técnico. Outras dificuldades estariam ligadas à obtenção de informações protegidas pelo sigilo bancário e/ou fiscal, a falhas na administração em geral e falhas no próprio Ministério Público.

A perda de controle do Ministério Público sobre a atuação da polícia poderia significar, para o então procurador de Justiça, Antônio Carlos Biscaia (*O Globo*, 21 nov. 1997, p. 7), a vitória da criminalidade. Segundo ele, as centrais de inquérito eram "um instrumento capaz de agir incisivamente, com agilidade e eficácia, para dar as respostas que a comunidade esperava diante da impunidade generalizada". Ainda, de acordo com Biscaia,

> em quatro anos de trabalho, e a partir do zero, foram para a cadeia todos os *capi* do jogo do bicho, antes intocáveis frequenta-

dores de gabinetes palacianos. No mesmo período, desbaratou-se a máfia da Previdência, levando à prisão juízes, procuradores do INSS e advogados, figuras de alto coturno, clientela que a sociedade não estava acostumada a ver com algemas.

Lembra ainda Biscaia que, naqueles quatro anos, foi desarticulada e presa a maior quadrilha de extermínio existente na Polícia Militar, pelo acompanhamento rigoroso das investigações que se seguiram às chacinas da Candelária e de Vigário Geral.

Capítulo 4

Os defensores da sociedade

Os integrantes do Ministério Público se atribuem como missão institucional a defesa de todos os interesses sociais, estando assim investidos das funções de promotores e garantidores da cidadania. Na pesquisa que realizamos no Rio de Janeiro, aparece com frequência o discurso de que a escolha da carreira no Ministério Público foi feita com o intuito de servir à sociedade, defender o poder público, ser útil, trabalhar pela inclusão social, pela defesa da cidadania. O Ministério Público seria para muitos um meio de transformar a sociedade. Na pesquisa "Diagnóstico: Ministério Público dos estados" (Ministério da Justiça, 2006), essa percepção aparece nas respostas de seus integrantes, que apontam a necessidade de a instituição priorizar sua atuação como agente promovendo a inclusão e transformação social e abandonando atividades tradicionais. O Ministério Público deve ser o braço da inclusão do cidadão, atender mais ao público e buscar seu esforço distante do Poder Judiciário, sobremaneira moroso e lucrativo.

Atuação de sucesso do Ministério Público do Trabalho

O Ministério Público do Trabalho vem se destacando por sua atuação na erradicação do trabalho escravo, contra o trabalho infantil, a discriminação, a precariedade de saúde e segurança no ambiente de trabalho, pela inserção dos portadores de deficiência no mundo do trabalho, contra as fraudes trabalhistas, isto é, cooperativas que mascaram agências de colocação de mão de obra, contra os falsos estágios e terceirizações ilícitas.

Em cada estado, são eleitas as prioridades pelas coordenadorias regionais. Foi criada a Coordenadoria Nacional de Combate ao Trabalho Escravo (CNCTE) para harmonizar e agilizar a ação do Ministério Público do Trabalho e estabelecer o relacionamento com órgãos externos dedicados ao mesmo tema. O Ministério Público do Trabalho tem participado junto com entidades colegiadas governamentais e não governamentais ligadas ao combate à exploração dos trabalhadores, em especial o Grupo Executivo de Repressão ao Trabalho Escravo (Gertraf), e nas operações do Grupo Móvel da Fiscalização do Ministério do Trabalho e Emprego.

No combate ao trabalho escravo, a instituição tem atuado em vários estados em operações do grupo móvel do Ministério Público e do Ministério do Trabalho. De acordo com a procuradora Sandra Lia Simon, em entrevista concedida ao Cpdoc, em 1º de fevereiro de 2005, são grupos que se deslocam até onde se dá a prática do trabalho escravo e fazem a verificação no local:

> Nós acompanhamos os auditores fiscais e a Polícia Federal, o que é importante porque o auditor fiscal do Trabalho multa administra-

tivamente. Nós temos o poder de processar judicialmente, de acionar judicialmente os escravagistas. A Comissão Pastoral da Terra e os sindicatos rurais nos dizem onde está o problema.

No Rio de Janeiro, foi encontrado trabalho escravo em granjas, usinas e olarias, onde adolescentes e adultos, aliciados nos estados do Nordeste, eram submetidos à escravidão por dívida. Em São Paulo, havia trabalho escravo na indústria de vestuário, envolvendo estrangeiros em situação ilegal no país. Em Campinas, foram encontrados trabalhadores escravizados, aliciados no norte de Minas Gerais e sul da Bahia, no cultivo de cana-de-açúcar e laranja. Em Minas Gerais, o trabalho escravo foi combatido nas carvoarias e na agropecuária, que aliciava trabalhadores na Bahia, mantendo crianças de oito a 11 anos de idade na colheita de laranja, em fazendas de café e de cereais e frutas. No Rio Grande do Sul, esse tipo de trabalho foi utilizado na colheita da maçã. Na Bahia, no desfibramento do sisal e na extração de pedras e britas. Em outros estados do Norte e Nordeste, o Ministério Público do Trabalho também tem atuado para combater essa exploração. No Tocantins, em Rondônia e no Acre encontra-se escravidão com abuso de índios e crianças nas queimadas, desmatamentos e plantações de milho, capim e mandioca.

Nesses casos, observam-se o aliciamento e a dificuldade, ou mesmo a impossibilidade, do trabalhador de voltar ao local de origem. Há falta de pagamento de salário, servidão por dívida, alojamentos e alimentação indecentes, condições de trabalho insalubres e perigosas, principalmente por maquinário inadequado, maus-tratos físicos e morais, indução ao vício pela ingestão de bebida alcoólica e ameaças, quando os trabalhadores apelam aos órgãos da fiscalização (Licks, 2002).

Entre as funções do Ministério Público do Trabalho estão assegurar meio ambiente saudável e propiciar condições de saúde e segurança no trabalho. Sua ação busca prevenir a ocorrência de acidentes de trabalho ou de doenças profissionais, visando manter a integridade física dos trabalhadores. São considerados riscos ambientais os agentes físicos, químicos e biológicos existentes nos ambientes de trabalho que, em função de tempo de exposição, concentração e intensidade de utilização, ameaçam a saúde do trabalhador.

São considerados agentes físicos as diversas formas de energia a que possam estar expostos os trabalhadores, tais como: ruído, vibrações, pressões anormais, temperaturas extremas, radiações ionizantes, bem como infrassom e ultrassom. Os agentes químicos considerados são as substâncias, compostos ou produtos que possam penetrar no organismo por via respiratória, sob a forma de poeira, fumo, névoa, neblina, gás ou vapor. Os agentes biológicos são bactérias, fungos, bacilos, parasitas, protozoários, vírus, entre outros. Cabe ao Ministério Público do Trabalho a defesa e proteção do meio ambiente do trabalhador pela observação das normas.

Atuação de sucesso do Ministério Público estadual

A investigação sobre o jogo do bicho no Rio de Janeiro e a prisão de seus dirigentes deram grande visibilidade ao Ministério Público e aos promotores e juízes envolvidos no processo. A investigação teve início em 1985, sob a responsabilidade do procurador-geral, Antônio Carlos Biscaia, e foi provocada por uma reportagem da TV Globo sobre a liberdade e o consentimento de autoridades do governo do estado do Rio de Janeiro para esse tipo de atuação.

Biscaia determinou a instauração de inquérito para apurar as denúncias, a cargo do promotor Raphael Cesário. No governo de Leonel Brizola, houve demonstrações de desagrado com o mesmo tipo de investigação. Ainda em 1985, Biscaia entregou o cargo ao governador Brizola e a investigação não teve prosseguimento. Em 1991, Biscaia foi eleito, em lista tríplice, e escolhido pelo governador Brizola como procurador-geral do estado.

Uma das primeiras medidas que adotou foi reativar a investigação sobre o jogo do bicho. Com a investigação nas mãos do Ministério Público do Rio de Janeiro, pois Biscaia não confiava na polícia, foi feita a preparação da denúncia da cúpula do jogo do bicho por formação de quadrilha e tráfico de armas e drogas. A instrução do inquérito ficou a cargo do promotor Luiz Carlos Caffaro e a estratégia escolhida foi a não utilização da via tradicional de investigação, que resultava em constante vazamento de informações de integrantes da polícia para os chefes do jogo.

A juíza Denise Frossard presidiu o julgamento, cujas provas foram "integralmente instruídas pelo Ministério Público" (entrevista, 21 ago. 2005). O trabalho conjunto do Ministério Público do Rio de Janeiro com o Judiciário levou à decisão de abandonar a denúncia de tráfico de drogas e armas e concentrar a acusação na formação de quadrilha, principalmente após a descoberta de que a cúpula do jogo do bicho era sócia de um andar na rua da Assembleia, sede da Liga Independente das Escolas de Samba (Liesa). O resultado desse entrosamento foi o acolhimento da denúncia e a condenação, pelo Tribunal de Justiça fluminense, em 1993, dos 14 maiores banqueiros do bicho do estado do Rio de Janeiro a seis anos de reclusão por formação de quadrilha e bando armado (Jalles, 2007:124).

O jogo do bicho teve outro revés no ano seguinte com o chamado estouro da fortaleza de Castor de Andrade, quando um dos contadores do bicheiro procurou Denise Frossard para revelar o local onde poderiam ser encontradas as listas da corrupção dos banqueiros do bicho. Ela encaminhou o denunciante a Biscaia que, após tomar o depoimento e obter a informação sobre os locais onde estaria a documentação, montou uma operação. Não confiando na polícia, Biscaia foi diretamente a uma juíza pedindo mandado de busca. Pediu ainda, ao coronel Cerqueira, chefe de Segurança do estado, para ceder uma equipe, de estrita confiança, para uma missão. Não disse qual era. Eles foram aos endereços indicados no dia 30 de março de 1994, onde fizeram apreensão de farta documentação.

O vazamento da lista para a imprensa mostrou à sociedade fluminense e brasileira o alcance da atuação do jogo do bicho na vida do estado. Juízes, policiais civis e militares, políticos, artistas e membros do Ministério Público constavam na lista de pagamento do bicho. A divulgação da lista na imprensa suscitou críticas ao procedimento do Ministério Público. As relações com outras instituições ficaram tensas, a tal ponto que o Conselho Nacional de Procuradores-Gerais de Justiça realizou uma reunião em apoio às ações do órgão e ao procurador Antonio Calos Biscaia. O governador Leonel Brizola, em discurso pronunciado no dia 13 de abril de 1994, acusou Biscaia de irresponsável por "ter divulgado as listas sem uma investigação prévia para verificar de fato se as pessoas estavam envolvidas em corrupção" (*O Globo*, 14 abr. 1994). O resultado desse processo é que poucos foram condenados. No entanto, para a população do Rio de Janeiro, Biscaia, o Ministério Público e a juíza Denise Frossard tornaram-se personagens de grande prestígio e admiração da população.

A máfia dos fiscais

O Ministério Público de São Paulo, ao atuar no combate à improbidade administrativa e à corrupção, desenvolveu ações judiciais que projetaram uma imagem positiva para a população. Uma das ações de maior repercussão foi o chamado escândalo da máfia dos fiscais. Como mostra Arantes (2002:158), esse é um exemplo de como o Ministério Público redirecionou o combate à corrupção da esfera cível para a esfera criminal como forma de obter sucesso.

Em 2 de dezembro de 1998, o chefe dos fiscais da Administração Regional de Pinheiros, Marco Antonio Zeppini, foi preso em flagrante por promotores da Justiça. Uma empresária que preparava a reforma em um imóvel para instalar uma academia de ginástica foi ameaçada por fiscais, caso não pagasse CR$ 30 mil para que eles não embargassem a obra sob o argumento de que havia irregularidades. A empresária fez contato com o Ministério Público, que preparou o flagrante. As imagens do momento em que os fiscais recebiam a propina apareceram no *Jornal Nacional*, da TV Globo, e foi noticiado por todos os jornais e revistas de grande circulação, como *Veja*, *Isto É*, *Época* e emissoras de rádio e televisão.

O Ministério Público criou um serviço telefônico para que as pessoas denunciassem situações semelhantes. A partir dessa prisão, foi descoberta uma rede de extorsão que cobrava propinas, envolvendo fiscais da administração regional de São Paulo, vereadores e até secretários municipais. Com Zeppini foram encontrados dinheiro, cheques de comerciantes da região, agendas e listas com anotações sobre um vasto esquema de cobrança de propinas envolvendo outros fiscais e setores da Administração Regional de Pinheiros. Teve início um amplo processo de combate à corrupção política (Arantes, 2000). Os promotores do Grupo de Atuação Especial de Repressão ao Crime Organizado do Ministério Público de São Paulo (Gaeco) estenderam as investigações para outras administrações regionais e logo esse esquema de corrupção passou a ser denominado máfia dos fiscais.

O sucesso da operação foi em grande parte devido à participação da mídia durante toda a operação. A figura do promotor, como assinalam Chaia e Teixeira (2000:34), "que era praticamente desconhecida da maioria dos cidadãos, ganha destaque, levando os promotores José Carlos Blat e Roberto Porto aos jornais e outros meios, para prestar contas das investigações relacionadas à máfia dos fiscais"

O êxito da ação do Ministério Público despertou a bancada de oposição na Câmara Municipal, liderada pelo vereador do PT José Eduardo Cardozo, que propôs a instalação de uma Comissão Parlamentar de Inquérito. Foram cassados dois vereadores e um deputado estadual. A operação contra a máfia dos fiscais levou à instauração de 86 inquéritos policiais e cerca de 200 pessoas foram indiciadas criminalmente. O Ministério Público de São Paulo teve uma atuação marcante no combate à corrupção política e destacou-se diante da opinião pública como o defensor da sociedade.

Atuação na defesa do meio ambiente

A Constituição de 1988 estabeleceu que "todos têm direito ao meio ambiente ecologicamente equilibrado, bem de uso comum do povo e essencial à sadia qualidade de vida, impondo-se ao Poder Público e à coletividade o dever de defendê-lo e preservá-lo para as presentes e futuras gerações". As ações do Ministério Público Federal para proteger o meio ambiente abrangem uma variedade de temas, tais como:

- licenciamento ambiental para construção de empreendimentos que causem significativo impacto ambiental;
- modificação genética de alimentos (transgênicos) e de animais;
- preservação de áreas especialmente protegidas, como unidades de conservação e áreas de proteção ambiental;
- proteção da biodiversidade com combate à biopirataria e ao tráfico de animais silvestres;
- ocupação e uso de praias, poluição de águas por derramamento de óleo e outras substâncias;
- saneamento básico e saúde pública, poluição por esgoto, lixo doméstico e industrial, destinação de resíduos.

Para cumprir essa obrigação constitucional, os procuradores e promotores têm se organizado em todos os estados da Federação e trabalhado em conjunto com órgãos públicos destinados à proteção ambiental, tais como o Conselho Nacional do Meio Ambiente (Conama), Instituto Brasileiro do Meio Ambiente (Ibama), Fundação Estadual de Proteção Ambiental Henrique Luís Roessler (Fepam) e Polícia Militar Ambiental.

Além disso, várias associações foram criadas para a defesa do meio ambiente, como a Associação Brasileira do Ministério Público do Meio Ambiente (Abrampa), que vem promovendo congressos, encontros e seminários para debater temas ligados a essa questão. Em abril de 2008, foi realizado na Amazônia o VIII Congresso Brasileiro do Ministério Público do Meio Ambiente, que teve como tema "Atividades

Econômicas e Alterações Climáticas – o papel do Ministério Público". Durante o Congresso, foi discutida a compatibilização da preservação ambiental com o crescimento produtivo da região. A governadora do Pará, Ana Júlia Carepa, justificou o desemprego de muitos trabalhadores, que viviam de exploração ilegal da floresta, em nome dos prejuízos que o desmatamento da Amazônia causa à humanidade.

Os resultados da atuação do Ministério Público na área ambiental podem ser indicados por meio de várias ações, tais como:

- interdição de empresas, obras e atividades por não obedecer às normas de segurança ambiental;
- reparação vegetal;
- regulamentação do ecoturismo;
- proibição de determinados agrotóxicos;
- suspensão de licenças irregulares;
- condenação judicial de agentes públicos e de particulares por danos ao meio ambiente.

É muito comum o Ministério Público Federal conseguir que irregularidades ambientais sejam sanadas sem a necessidade de entrar com ação na Justiça. Nesses casos, os responsáveis assinam termo de ajustamento de conduta em que se comprometem a regularizar a situação (Ministério Público Federal, s.d.).

As questões ambientais vêm motivando a população a denunciar ao Ministério Público casos de desmatamento, queimadas e ocupação irregular de áreas protegidas. Em pesquisa feita no Rio de Janeiro (Soares, 2007), foi observado que informações sobre ocupação irregular estão presentes em cerca de 35% dos casos de conflitos ambientais que resultaram em denúncias.

Esse tipo de denúncia, como indica Soares, refere-se ao surgimento ou ampliação de favelas, ocasionando desmatamento, queimadas, problemas de saneamento (esgoto e coleta de lixo) e/ou lesão ao patrimônio histórico, além de problemas com a segurança pública. As denúncias também estão referenciadas a empreendimentos imobiliários sem licença ambiental.

O que se observa é que cada vez é mais frequente a busca pelo Ministério Público para a solução dos conflitos ambientais que, no caso do Rio de Janeiro, estão diretamente relacionados com o uso do solo urbano.

Defensor do consumidor

O Ministério Público tem desempenhado papel relevante na proteção ao consumidor. De acordo com a Constituição, art. 129, III, o Ministério Público tem legitimidade para "promover o inquérito civil e a ação civil pública, para a proteção do patrimônio público e social, do meio ambiente e de outros interesses difusos e coletivos". No entanto, a Constituição de 1988 não trata expressamente da legitimação do Ministério Público para a defesa dos interesses individuais homogêneos, que são conceituados como aqueles de grupos, categorias ou classe de pessoas determinadas ou determináveis, que compartilhem prejuízos divisíveis, de origem comum, ou seja, oriundos das mesmas circunstâncias de fato. Desse modo, é questionada a legitimidade do Ministério Público na proteção e defesa dos interesses individuais dos consumidores, já que a ele foi confiado somente a defesa dos interesses coletivos e individuais indisponíveis. Assim, não poderia promover a defesa de interesses de caráter individual não homogêneo, seja no âmbito administrativo seja na esfera judicial.

A legitimidade do Ministério Público para atuar na defesa de interesses individuais, como os do consumidor, tem dividido os juristas. O Superior Tribunal de Justiça (STJ) decidiu que o "Ministério Público não tem legitimidade para promover ação civil pública para impedir a prática de aumento de mensalidade escolar, pois não se trata de defender direito difuso nem de interesses ou direitos coletivos" (apud Benevides, 2002, Resp. 47.016-9).

O entendimento do tema não é unânime dentro do próprio STJ, que deu parecer contrário afirmando: "legitimidade tem o Ministério Público para ação civil pública em prol de interesses coletivos de comunidade de pais e alunos de estabelecimento de ensino" (apud Benevides, 2002, Resp. 38.176). Alguns juristas entendem que o Ministério Público tem legitimidade para propor a ação civil pública em defesa de direitos individuais homogêneos, desde que eles tenham considerável expressão coletiva.

Se olharmos agora a Lei n$^{\underline{o}}$ 8.078, de 11 de setembro de 1990, regulamentada pelo Decreto n$^{\underline{o}}$ 2.181/1997, vamos encontrar no art. 2$^{\underline{o}}$ do cap. I a definição de consumidor como "toda pessoa física ou jurídica que adquire ou utiliza produto ou serviço como destinatário final". O art. 5$^{\underline{o}}$ diz:

> Para a execução da Política Nacional das relações de consumo, contará o poder público com os seguintes instrumentos, entre outros: (...) II. instituição de Promotorias de Justiça e Defesa do Consumidor, no âmbito do Ministério Público; III. criação de delegacias de polícia especializadas no atendimento de consumidores vítimas de infrações penais de consumo.

Em 2001, foi criada a Associação Nacional do Ministério Público do Consumidor (MPCon). É uma associação civil de âmbito nacional, sem fins lucrativos e sem filiação partidária, com sede permanente em Brasília (DF), tendo caráter científico, técnico e pedagógico, congregando promotores de Justiça e procuradores de Justiça e da República com atuação na defesa do consumidor de todas as regiões do Brasil.

O Ministério Público, embora não seja o único órgão a zelar pela efetividade das normas de defesa do acesso do cidadão a medicamentos, contra seguros de saúde, estabelecimentos bancários, em temas ligados a taxas escolares, entre outros, aparece diante da população, em todas as regiões do país, como o verdadeiro protetor dos interesses do consumidor.

Defensor dos interesses das populações indígenas

O Ministério Público tem a atribuição, de acordo com o art. 129, inc.V, da Constituição, de defender em juízo os direitos e interesses das populações indígenas. Cabe ao órgão proteger costumes, línguas, crenças, tradições e direitos originários sobre as terras dos índios. De acordo com Mazzilli (1989:113), além da legitimação ativa do Ministério Público na defesa de seus interesses, os próprios índios, suas comunidades e organizações são partes legítimas para ingressar em juízo em defesa de seus interesses. Se não for autor, será o Ministério Público interveniente (Constituição, art. 232).

Ainda, segundo Mazzilli (1989:113),

> a disputa sobre direitos indígenas é matéria de competência dos juízes federais (Constituição, art. 109, XI). Contudo, cremos que esta competência se dirige a atos de interesse global dos in-

dígenas, como aqueles de que cuida o art. 231 da Constituição. Não vemos, porém, que seja vedado ao Ministério Público e aos juízes estaduais defender interesses individuais e em certos casos até coletivos dos indígenas, ainda que relacionados com sua própria condição. Admitir que a Justiça federal tenha competência exclusiva para essas hipóteses, além de não corresponder à *mens legis*, a rigor reverteria em autêntico desfavor à proteção de que devem passar a gozar, pois, incapazes que são para a lei civil, desde antes da Constituição de 1988, já os índios contavam, nas ações individuais ou coletivas que propusessem, com a assistência protetora dos Ministérios Públicos dos estados.

As questões que o Ministério Público vem enfrentando em relação à defesa das populações indígenas se concentram na demarcação das terras, no impedimento da invasão e expulsão dos índios de suas terras por parte de empresários e agricultores e na defesa de assistência médica que deve ser prestada aos índios. O Ministério Público busca estabelecer acordos entre as partes envolvidas nas disputas para evitar que elas se transformem em ações violentas.

O acordo entre a empresa Aracruz Celulose e os líderes indígenas das tribos Guarani e Jaguareté é um exemplo do papel de intermediário que o Ministério Público Federal desempenhou. Em dezembro de 2003, em Brasília, a direção da empresa e os líderes indígenas assinaram um termo de ajustamento de conduta que definiu obrigações para ambas as partes e determinou soluções para uma antiga disputa pela propriedade de terras no Espírito Santo. O principal efeito da medida foi a transferência de 11,9 mil hectares de terras para as comunidades indígenas.

Em Mato Grosso do Sul, o Ministério Público Federal encaminhou, em maio de 2009, ofício à Fundação Nacional do Índio (Funai) cobrando o andamento da demarcação de terras indígenas para os guarani Kaiowá, que se concentram no sul do estado. Segundo o procurador Marco Antônio Delfino de Almeida, pela Constituição, a demarcação das terras em todo o país deveria ser realizada até 1993. De acordo com os indígenas, a falta de demarcação de suas terras tem levado essas populações ao "confinamento" e ao "extermínio".

Outro tema que tem levado à intervenção dos promotores e procuradores é a falta de assistência médica e escolar. O Ministério Público Federal do Maranhão, em fevereiro de 2009, propôs ação civil pública exigindo que a Funai restabelecesse os serviços destinados ao atendimento a indígenas em Barra do Corda e Jenipapo dos Vieiras. De acordo com o Ministério Público, o atendimento fora interrompido em 2007, deixando os índios sem assistência. Os índios, em protesto, bloquearam a BR-226, entre os municípios de Barra do Corda e Grajaú, e ameaçaram derrubar torres de transmissão de energia.

A defesa da criança, do adolescente e das pessoas idosas

Na Constituição de 1988, está prevista a garantia dos direitos da criança e dos adolescentes como prioridade absoluta. Coube ao Ministério Público a tarefa de fazer com que esses direitos sejam concretizados, assegurando o respeito à vida, à saúde, incluindo medicamentos, à alimentação, à educação, ao lazer, à profissionalização e à cultura. O órgão deve zelar ainda pelo direito à convivência familiar e comunitária das crianças e adolescentes; defendê-las contra todo tipo de violência e negligência, mesmo quando praticada pelos próprios pais; atuar quando um adolescente comete uma infração; implantar em todos os municípios Conselho Tutelar e Conselho de Direitos. O Estatuto da Criança e do Adolescente (a Lei Federal nº 8.069, de 1990) reforçou o preceito constitucional e o papel do Ministério Público. A instituição tem enfrentado todo tipo de violação contra os direitos das crianças e adolescentes, especialmente crimes de violência física e sexual, em todos os estados da Federação.

O Ministério Público do Trabalho tem como uma de suas metas prioritárias o combate à exploração do trabalho da criança e do adolescente. Foi instituída a Coordenadoria Nacional de Combate à Exploração do Trabalho da Criança e do Adolescente, que atua em todos os estados da Federação. O Brasil ratificou as convenções 138 e 182 da OIT sobre a idade mínima para admissão ao emprego e se comprometeu a priorizar o combate à exploração do trabalho infanto-juvenil. No entanto, de acordo com a Pesquisa Nacional de Amostra de Domicílio (Pnad), de 2001, existiam 5.482.515 crianças e adolescentes de cinco a 17 anos trabalhando. Desse total, 296.705 tinham de cinco a nove anos e 1.935.269 tinham de 10 a 14 anos. O trabalho doméstico empregava 494.002, sendo que, desse total, 222.865 encontravam-se na faixa etária de cinco a 15 anos.

O trabalho infantil doméstico é uma forma de transgressão difícil de ser enfrentada porque é normalmente aceito pela sociedade. O trabalho infantil revela a situação de extrema pobreza de muitas famílias que utilizam a criança como forma de obtenção de um mínimo de recursos para sobreviver. Existem hoje no país inúmeros conselhos estaduais e municipais assim como confederações patronais, sindicais e organizações não governamentais dedicados a erradicar o trabalho infantil e dar proteção ao adolescente no trabalho, inclusive preocupados com sua profissionalização.

O esforço que vem sendo feito para reduzir o trabalho infantil está dando resultados positivos. A OIT divulgou resultado de pesquisa (*Jornal do Brasil*, 17 dez. 2009) que mostrou redução de 50% na quantidade de crianças e adolescentes inseridos no mercado de trabalho nos últimos 15 anos. Em 1992, havia 8,42 milhões de trabalhadores com idade entre cinco e 17 anos. Em 2007, o número caiu para 4,85 milhões. Entre as crianças de 10 a 14 anos, os índices caíram de 20,5% para 8,5% entre 1992 e 2007. Um estudo da Pnad indica que o trabalho infantil no Brasil recruta mais meninos do que meninas, 66% contra 34%.

A Constituição de 1988, em seu art. 230, assegurou o direito à proteção das pessoas idosas, impondo à família, à sociedade e ao Estado o dever de ampará-las e mantê-las no seio da comunidade, assegurando-lhes o bem-estar e o direito à vida. Ao Ministério Público coube a tarefa de zelar pela observância dos princípios constitucionais de proteção aos idosos. Com o aumento da expectativa de vida ocorrida nos últimos anos, cresceu no Brasil o número de idosos. Isso acarreta um número elevado de pessoas com limitações físicas e mentais, ocorrendo muitos casos de abandono do idoso pela família ou seu internamento em asilos. O idoso tem sofrido, com frequência, restrição ou discriminação.

A defesa em xeque: críticas ao Ministério Público

O Ministério Público tem recebido críticas principalmente de juristas, advogados e políticos, que questionam as investigações conduzidas pelos promotores e procuradores. Alguns erros cometidos durante as investigações, excessos de publicidade e politização de representantes do Ministério Público permitem questionamentos sobre o poder investigatório do órgão. Alguns exemplos podem ser lembrados.

Chacina da Candelária

Na madrugada de 23 de julho de 1993, sete crianças e jovens de 11 a 22 anos que viviam na rua foram assassinados enquanto dormiam, perto da Igreja da Candelária, no centro financeiro do Rio de Janeiro. Os jornais noticiaram o crime chamando-o de chacina, que significa matança, assassinato. Na mesma noite, a 500 metros da Igreja da Candelária, no Aterro do Flamengo, quatro homens num carro abordaram três jovens, dois dos quais foram mortos. Os assassinos, encapuzados, segundo os jornais, seriam policiais. Eles estariam se vingando pelo fato de alguns meninos terem, na véspera, apedrejado uma viatura policial. Esses meninos sobreviviam de pequenos furtos em lojas comerciais do bairro e roubando transeuntes.

O acontecimento teve grande repercussão na imprensa nacional e internacional e deu visibilidade aos procuradores do Rio de Janeiro. Pelo Estatuto da Criança e do Adolescente, editado em 1990, cabia ao Ministério Público a fiscalização da sua aplicação. Logo após a chacina, o Ministério Público do Rio de Janeiro tomou as medidas necessárias para dar início às investigações, que ficaram sob a responsabilidade da 1ª Central de Inquéritos e foram acompanhadas pelos promotores do 2º Tribunal do Júri. Como havia a suspeita de participação de policiais militares na chacina, o chefe da Polícia Civil, coronel Brum, assumiu a responsabilidade pela investigação. Desse modo, atuaram em conjunto Polícia Civil, Polícia Militar e Ministério Público.

As primeiras notícias que apareceram na imprensa atribuíram a responsabilidade pelo crime a policiais e comerciantes do centro da cidade. A revista *Veja* sugeriu que a ação fora praticada por um grupo de extermínio. A revista deu ênfase à repercussão internacional do crime e chamou a atenção para a ineficácia das políticas públicas do prefeito César Maia (1992-1996) e do governador Leonel Brizola (1990-1994). As ONGs foram criticadas por não prestar contas dos financiamentos que recebiam e por apresentar uma série de irregularidades na utilização dos recursos financeiros.

A história de vida de um dos meninos assassinados, Anderson Pereira de Oliveira, foi contada de maneira dramática: nasceu na rua, passou pela Obra do Berço, voltou a morar com a família na rua, era pouco assíduo na escola e tinha uma personalidade violenta e agressiva. A família deixou a rua e foi morar no subúrbio do Rio. Anderson apanhava dos pais, fugia constantemente de casa e suspeita-se que cheirava cola. Os jornais que analisamos sobre esse acontecimento criticavam a Constituição de 1988 por ter proibido o recolhimento e o confinamento dos menores em instituições, o que contribui para a marginalização de crianças e jovens. A impunidade é indicada como alimentadora e catalisadora dos assassinatos das crianças, já que, em muitos casos, nenhum inquérito policial é encaminhado ou concluído pelo Poder Judiciário.

A apuração do crime foi feita sob grande pressão. O secretário de Polícia Civil e vice-governador do estado do Rio de Janeiro, Nilo Batista, deu entrevista sobre o assunto ao *Jornal do Brasil*, no dia 28 de julho, quando as investigações estavam sendo iniciadas. A entrevista virou manchete de primeira página. Nilo Batista afirmou que não tinha dúvidas de que o tenente da Polícia Militar Marcelo Cortes e os soldados Marcus Vinicius Borges e Cláudio Santos haviam participado da chacina da Candelária.

A denúncia foi assinada pelos quatro promotores da 1ª Central de Inquéritos: José Muiños Pinheiro Filho, Maurício Assayag, Carlos Roberto Jatahy e Mendelson Pereira. O promotor Jatahy afirmou à imprensa que a denúncia fora feita em prazo recorde, isto é, um dia após o reconhecimento dos acusados feito por Wagner dos Santos e outro menor. Segundo o promotor, as testemunhas tinham sido muito seguras quando apontaram os acusados. Após as investigações, conduzidas em conjunto pela Polícia Civil, Polícia Militar e pelo Ministério Público, os promotores José Muiños Pinheiro Filho e Maurício Assayag, do 2º Tribunal do Júri, pediram a manutenção da prisão dos três policiais militares suspeitos de envolvimento na chacina. A estratégia utilizada consistiu em fazer as oitivas das testemunhas e das vítimas sobreviventes em juízo, antes da abertura do processo. A base do inquérito foi o reconhecimento das vítimas e o questionamento dos álibis dos acusados, tachados de pouco convincentes.

Um vigia que trabalhava no posto de gasolina no Aterro do Flamengo confirmou, no entanto, o álibi do tenente Marcelo Cortes, garantindo ter visto Cortes socorrendo Wagner dos Santos. Outro fato não foi levado em consideração: o resultado do laudo do exame de balística em 16 armas recolhidas de policiais militares do 5º Batalhão da Polícia Militar (Harmonia). De acordo com os confrontos balísticos, os tiros que mataram os meninos não partiram de qualquer das armas apreendidas.

Os advogados dos suspeitos criticaram os procuradores sob o argumento de não terem cumprido os prazos legais em matéria judicial e de estarem produzindo provas antecipadas.

Os procuradores envolvidos no processo, em depoimentos dados ao Cpdoc, reconhecem que sofreram grande pressão por parte da imprensa, o que levou a graves erros. O promotor Maurício Assayag vê no depoimento dos menores a dificuldade para identificar os culpados, pois eles ainda estavam muito traumatizados e um deles com graves ferimentos. A polícia, os juízes e os procuradores acreditaram inicialmente no reconhecimento desses menores, o que determinou os erros de identificação dos culpados. Na apuração da chacina da Candelária, aparecem com clareza os erros da polícia e do Ministério Público.

Na pressa de apontar os culpados pela chacina, como exigiam o governo do estado do Rio de Janeiro e a imprensa, a Polícia Civil omitiu da Justiça as falhas de reconhecimento cometidas pelos sobreviventes do massacre. Por erro, um operador de vídeo, da então *TV Manchete*, e um motorista da revista *Veja* foram reconhecidos como autores da chacina. A polícia omitiu o fato da Justiça. Na Polícia Civil, quando as testemunhas indicavam figurantes – dando margem à hipótese de que elas não tinham condições de apontar com absoluta certeza quem eram os matadores –, a sessão era ignorada. Mas, se um policial militar fosse apontado pelas testemunhas, a sessão era válida. O policial recebia voz de prisão, a polícia lavrava o termo de reconhecimento positivo e o Ministério Público o denunciava.

O encerramento do processo da chacina da Candelária se deu em 1998, ou seja, cinco anos depois do ocorrido. Dois anos depois, ficou provado que três dos quatro acusados do assassinato dos menores eram inocentes: o tenente Marcelo Cortes, o soldado Cláudio Luiz Andrade dos Santos e o serralheiro Jurandir Gomes da França, esse apontado pelos sobreviventes como o motorista do táxi de onde saíram os assassinos. Eles ficaram presos por mais de dois anos.

Em 1996, o ex-soldado da Polícia Militar Nelson Cunha confessou a participação no crime e acusou como cúmplices seus colegas policiais Marco Aurélio Alcântara, Arlindo Lisboa Afonso Júnior, Marcos Vinicius Borges Emanuel e Maurício da Conceição. O ex-policial militar Maurício da Conceição, que teria liderado o grupo de extermínio, morreu antes do julgamento. Nelson Cunha, ao confessar sua participação no crime, disse que acompanhou o grupo liderado por Maurício da Conceição pensando que iria atrás de dois assaltantes que teriam invadido sua casa um dia antes da chacina. Afirmou que fora coagido a participar do crime. Nelson Cunha só confessou o crime um ano depois da morte de Maurício da Conceição.

O promotor Maurício Assayag, que havia participado do julgamento anterior, agora pediu a condenação de Nelson Cunha, argumentando que ele deixou que três inocentes ficassem presos sem fazer nada. O réu foi condenado à pena máxima de 30 anos. O Ministério Público do Rio de Janeiro entrou com novo processo no Tribunal do Rio com pedido de anulação da sentença anterior, uma vez que as novas provas haviam sido encontradas e absolviam os réus. Os verdadeiros culpados foram condenados.

Deve-se observar que, do momento em que foi cometido um crime até o julgamento, inúmeras fases devem ser percorridas. A primeira é a fase inquisitorial, realizada pela polícia judiciária, ou seja, pela Polícia Civil que, embora pertencente ao Poder Executivo, tem uma delegação judiciária. É a fase de apuração de indícios de autoria, de busca de provas. Depois disso, o inquérito é enviado ao Ministério Público, e tem início a segunda fase, que é processual ou acusatorial – é a fase propriamente judicial. O Ministério Público vai estudar o inquérito investigativo, fazer a denúncia e enviá-la para o juiz. Na terceira fase, o juiz avalia os autos do processo e pode pará-lo por falta de provas e absolver o réu; pode considerar que faltam provas suficientes e pedir ao Ministério Público novas provas; pode, ainda, se considerar que há provas suficientes, levar o réu a julgamento no Tribunal de Júri (composto por pessoas leigas). Cabe ao promotor do Tribunal de Júri, no qual tramita o processo, arguir a acusação.

Os sistemas inquisitorial e acusatorial seriam a fonte de conflitos entre as três instituições que participam do processo: a polícia judiciária, o Ministério Público e a Magistratura.

A tese defendida pelos juristas Luis Terra e Délio de Paula (apud Romeo, 2002:100 e seq.) sustenta que é o setor criminal o que mais exige a presença de um Ministério Público forte e independente no que tange às investigações policiais, de forma a garantir o acesso à Justiça. Os promotores percebem a dificuldade de controlar um inquérito, de exercer as funções de fiscal da lei, de perseguir e punir o delito, quando dependem das informações prestadas pela polícia, o que significa que o acesso ao Judiciário pela ação penal estaria bem reduzido.

Para o pleno funcionamento do Ministério Público tal como foi proposto na Constituição de 1988 – autônomo, independente, responsável pela proteção dos interesses individuais, difusos, coletivos e do regime democrático –, tornava-se necessária a criação de instâncias institucionalizadas de mediação. O Ministério Público teria que sofrer uma reestruturação e eliminar os obstáculos que o impediam de cumprir suas obrigações em relação ao acesso à Justiça.

A chacina da Candelária teve como consequência a criação da Casa da Testemunha, onde foram colocadas as crianças que viviam no centro da cidade, não tinham onde dormir e testemunharam o acontecimento. Em seguida, foi criado o Programa Municipal de Proteção às Testemunhas. Os procuradores que atuaram no caso da chacina, entre eles José Muiños

Pinheiro Filho, começaram a reivindicar ao procurador-geral de Justiça, Hamilton Carvalito, a criação de um Sistema Nacional de Proteção à Testemunha, o que se concretizou com a votação no Congresso em 1998. Atualmente, o Programa de Proteção às Testemunhas é presidido, no Rio de Janeiro, por um integrante do Ministério Público Federal e formado por representantes do Judiciário, do Ministério Público estadual, da Secretaria de Segurança e da sociedade civil. Para entrar no programa, as pessoas não podem ter antecedentes criminais. A Lei nº 9.807, de 1999, que regulamentou o programa, prevê, entre outras medidas, que sejam protegidos aqueles que se encontram em situação de risco por colaborar em inquéritos ou processos criminais. A lei prevê ajuda financeira mensal e que a proteção terá duração máxima de dois anos.

Prisão do diretor de Florestas do Ibama

Outro equívoco do Ministério Público foi o de 2 de junho de 2005 na operação contra uma quadrilha de contrabandistas de madeira, em Mato Grosso, quando foi preso o diretor de Florestas do Ibama, Antônio Carlos Hummel, a pedido do Ministério Público Federal. Ele foi acusado por aprovar planos de manejo em terras já desmatadas. Segundo o Ministério Público, o Ibama aprovou 197 planos de manejo em terras indígenas e unidades de conservação.

Os defensores de Hummel argumentaram que as irregularidades não eram responsabilidade dele. Os planos já existiam quando ele assumiu o cargo. O presidente do Ibama, Marcus Barros, afirmou que Hummel era um dos servidores que mais ajudava no combate a esse tipo de agressão à floresta. O diretor de Florestas do Ministério do Meio Ambiente afirmou: "O que Hummel fez foi justamente o contrário: cancelar todas as autorizações para retirada de madeira" (*Época*, 24 jun. 2005). Ele teria bloqueado a exportação clandestina de carregamentos de mogno estimados em US$ 100 milhões.

Hummel passou cinco dias preso sem que houvesse indício de envolvimento dele com a organização que realizava as fraudes. Foi também presa nessa operação Ana Luísa Riva, então gerente em Sinop (MT), a pedido do procurador da República Mário Lúcio de Avelar. O delegado da Polícia Federal, Tardelli Boaventura, foi encarregado de investigar a vida de Hummel por 60 dias. Os investigadores não encontraram qualquer indício que desabonasse as atividades profissionais do diretor de Florestas do Ibama. Ainda assim, o procurador apresentou uma lista extra com 40 pedidos adicionais de prisão, entre eles o de Hummel. O procurador pediu a Tardelli que prendesse Hummel e mais 128 pessoas. Cinco dias depois, diante da ausência de indícios contra Hummel, a Justiça liberou o diretor da prisão. Foram também liberadas a gerente do Ibama, Ana Luísa Riva, e a advogada da Fundação Estadual do Meio Ambiente do Mato Grosso (Fema), Mauren Lazzaretti.

O procurador concluiu que Hummel não deveria sequer ter sido indiciado. Ao ser criticado pela ação que desencadeou a prisão do diretor, defendeu-se acusando a Polícia Federal de tentar desmoralizar o Ministério Público. Ele afirmou que o mais importante foi ter estado à frente da operação e tê-la desencadeado. Reconheceu que a operação ainda não estava madura. E afirmou: "se a Polícia Federal acha que agi de forma incorreta que represente no Conselho (Nacional de Ministério Público) ou na Corregedoria. A polícia trabalha para o Ministério Público" (*O Globo*, 25 jun. 2005).

Capítulo 5

A politização e suas consequências

A politização no Ministério Público

A independência concedida pela Constituição de 1988 ao Ministério Público tem muitas objeções. A instituição tem recebido críticas por fazer uso partidário de suas prerrogativas legais, e muitos jovens procuradores têm exercido suas funções politicamente engajados. O jurista Miguel Reale Jr. declarou que a falta de critérios objetivos para as ações do Ministério Público permite que promotores e procuradores desrespeitem a lei e manipulem investigações de acordo com suas convicções pessoais (*O Globo*, 1 abr. 2004).

A politização da Justiça ou a judicialização da política seriam expressões correlatas, que pretendem indicar os efeitos da expansão do Poder Judiciário no processo decisório das democracias contemporâneas (Maciel e Koerner, 2002:114). O termo judicialização é usado pelos juristas no sentido do ingresso em juízo de uma determinada causa, o que indicaria uma preferência por essa via na solução de conflitos. Os membros do Ministério Público utilizariam de forma excessiva a Justiça para defender os direitos sociais. O termo judicialização ganhou conotações variadas. Dois estudos, o de Rogério Bastos Arantes (2002) e o de Luiz Werneck Vianna (2000), permitem uma comparação entre essas duas linhas interpretativas.

Ao analisar o resultado da pesquisa com os membros do Ministério Público, Arantes chamou a ideologia dominante entre eles de "voluntarismo político", ideologia que tem como elementos principais "uma visão pessimista da capacidade da sociedade civil de se defender autonomamente, ela seria hipossuficiente (no jargão jurídico); uma avaliação pessimista dos poderes político-representativos, que estariam corrompidos e/ou incapazes de cumprir suas funções. Diante dessa contradição, seria uma idealização do papel político do Ministério Público, de representar essa sociedade incapaz (embora sem mandato explícito e sem mecanismos de *accountability*) perante governos ineptos, que não garantem o *enforcement* da lei.

De acordo com essa pesquisa, 84% dos entrevistados concordaram total ou parcialmente com a afirmação de que a sociedade brasileira é incapaz de defender autonomamente seus interesses e direitos, logo as instituições de Justiça devem atuar para protegê-la. Também na mesma proporção foi atribuído ao Ministério Público o papel de promotor da conscientização da sociedade brasileira com vistas ao alargamento do acesso à Justiça das demandas sociais, em especial as de natureza coletiva.

Luiz Werneck Vianna em obra coletiva, com trabalhos muito diversificados, apresenta a hipótese central de que a institucionalização da democracia brasileira apresenta um déficit no modo de funcionamento, resultante da predominância do

Executivo sobre o Legislativo, e uma busca crescente por parte de agentes sociais ao Poder Judiciário contra leis, práticas da administração ou omissões tanto do Executivo quanto do Legislativo. A pesquisa mostrou que há indícios de crescimento na segunda metade dos anos 1990 de iniciativas judiciais dos membros do Ministério Público. Para os autores da pesquisa, a ação do Ministério Público faz parte de um complexo sistema de complementaridade e interdependência entre os poderes do Estado, a mídia, a cidadania organizada e os indivíduos.

As interpretações de que os promotores e procuradores estariam politizando suas ações, nos levam a estabelecer a distinção entre a politização e a atuação ideológica partidária. Muitos membros do Ministério Público, ao assumir a defesa dos interesses da sociedade, da democracia, são identificados de forma negativa, pois estariam atuando politicamente. Na verdade, eles estão atuando politicamente dentro dos preceitos constitucionais. Poucos são os que atuam, de fato, engajados partidariamente, e esses recebem fortes críticas dentro da própria instituição.

Ministério Público e mídia

As ações do Ministério Público têm atraído grande publicidade, e os promotores são apresentados pela mídia como defensores da população, da Justiça e dos excluídos. A midiatização da Justiça, ao permitir mais visibilidade a alguns procuradores, lhes deu a possibilidade de atingir cargos eletivos e os coloca em melhores condições de atingir postos mais elevados na carreira. No entanto, essa relação entre imprensa e procuradores nem sempre ocorre de forma harmoniosa e são frequentes os conflitos.

Para garantir uma atuação independente e para enfrentar as deficiências ligadas ao Judiciário e à polícia, os procuradores buscam o apoio e a visibilidade da mídia. De outro lado, se a redemocratização do país abriu espaço para a intensificação da prática do jornalismo investigativo, os jornalistas raramente dispõem de tempo e de recursos para uma checagem satisfatória de suas fontes – em especial as mais poderosas e influentes. Abre-se então um campo favorável para o chamado denuncismo, termo que se refere à facilidade com que são divulgadas denúncias sem investigação ou evidências suficientes, com o predomínio da notícia sensacional, da narração de uma história dramatizada, em que o registro dos fatos não é feito com isenção.

Essa prática jornalística é vista de forma contraditória. Para alguns autores, tem um papel positivo na democracia, pois tenderia a mostrar comportamentos obscuros, em que existem solidariedades duvidosas e perigosas entre elites políticas, poder econômico e *lobbys* diversos. Para outros estudiosos do tema, ao contrário, esse tipo de jornalismo oferece um espetáculo perigoso e perverso, que pode se afirmar em detrimento da credibilidade e da confiança da população em suas elites, sua classe política e suas instituições (Charon e Furet, 2000).

A mídia disputa com a Justiça o poder de revelar a verdade, de apontar os culpados de um crime. A investigação do jornalista é na sua quase totalidade o resultado de suas relações com a polícia, juízes, promotores ou advogados. A população também passa informações para as redações, abrindo caminho para as investigações. Nos últimos anos, contudo, novas orientações passaram a prevalecer na ação dos jornalistas. Uma delas é a ideia de que o caminho explorado deveria ser o jornalismo de utilidade social. A ação dos jornalistas é identificada, aí, como um serviço aos interesses concretos dos cidadãos. Seria o acesso à informação que permitiria ao cidadão exercer seus direitos. Para a população dos grandes centros urbanos, a mídia transformou-se, de fato, no meio mais eficiente de fazer valer seus direitos e garantir acesso ao sistema judiciário.

Os procuradores e promotores, por seu lado, utilizam a mídia como forma de abrir caminho para suas investigações, quando essas, muitas vezes, são ainda meras especulações ou processos em andamento. A mídia utiliza essas informações, principalmente quando se trata de temas envolvendo personalidades da vida pública, para ampliar suas vendas, no caso de jornais e revistas, ou sua audiência, no caso de rádio e televisão.

Na pesquisa que realizamos sobre o Ministério Público no Rio de Janeiro, a relação com a mídia é vista como uma relação necessária para a prestação de contas à sociedade, do trabalho que a instituição realiza. A comunicação com a sociedade é, para a maioria dos nossos entrevistados, uma obrigação. No Rio de Janeiro, foi criada a Ouvidoria do Ministério Público para receber reclamações e pedidos. No entanto, muitos dos nossos entrevistados dizem que é preciso muita cautela na relação, pois não podem e nem devem passar informações antes da conclusão da investigação.

Todos estão de acordo sobre o lado positivo da relação quando a mídia ajuda na apuração, na obtenção de informações que, muitas vezes, não seriam obtidas pelos canais legais. A mídia obtém informações mais rapidamente. Alguns procuradores, ao falar sobre a relação com a mídia, chamam a atenção para o perigo da divulgação de acusações não apuradas pela justiça. O procurador Maurício Assayag (entrevista, 2 dez.

2006) observa que o jornalista, ao tomar conhecimento de um fato que é notícia, imediatamente o divulga. Ele não tem compromisso com a verdade ou a mentira daquela notícia. Se tomou conhecimento da notícia, ela existe e ele vai divulgá-la.

Muitas vezes, a acusação divulgada não foi ainda apurada, é mera suspeita. De acordo com o cap. 1, art. 5º da Constituição de 1988, que trata Dos Direitos e Deveres Individuais e Coletivos, "ninguém será considerado culpado até o trânsito em julgado de sentença penal condenatória". Os jornalistas consideram essa limitação prejudicial à população, por impedir a divulgação de desvios de conduta de políticos ou servidores públicos. No caso de eleições, só após alguns anos o eleitor tomaria conhecimento de atos praticados por seu candidato.

Outro ponto que apareceu nas entrevistas que realizamos foi o papel protetor da mídia contra as agressões e mesmo tentativas de eliminação física dos promotores e procuradores. É importante lembrar que o promotor apura crimes de corrupção de políticos, prefeitos, vereadores, de grandes poderes econômicos locais, o que pode levar a agressões físicas. O procurador Carlos Roberto Jatahy, um dos participantes da invasão da fortaleza do banqueiro de bicho Castor de Andrade em um subúrbio do Rio de Janeiro, afirma no depoimento que prestou ao Cpdoc, que eles só saíram vivos daquela operação porque a televisão e os jornalistas estavam presentes.

Os membros do Ministério Público também consideram que a divulgação pela mídia do trabalho que desenvolvem ajuda a tornar a instituição conhecida da sociedade. É verdade que o Ministério Público é visto como uma instituição confiável pela opinião pública. Podemos lembrar aqui a pesquisa de opinião do Ibope em 145 municípios do país em 2004, na qual 58% dos entrevistados têm uma imagem positiva do órgão.

Acima dele está a Igreja Católica, com 74%, a Forças Armadas, com 73%, e a imprensa, com 72%.

Há também uma preocupação, por parte de muitos membros do Ministério Público, de que não sejam praticados excessos. Segundo o procurador Muiños, a imprensa percebe o Ministério Público como uma fonte de informações, como uma fonte para a produção de matérias, não só sobre crimes passionais, mas também sobre improbidade administrativa. A seu ver, a imprensa prejulga, quando o inquérito civil acaba de ser instaurado. Ele reconhece que o Ministério Público chegou a muitos resultados positivos e deu respostas mais rápidas a determinados processos devido ao apoio da mídia. No entanto, vê com grande cautela a relação com a imprensa e chama a atenção para a vaidade que a exposição na mídia desperta no promotor ou procurador – "às vezes eles extrapolam, querendo aparecer mais que o próprio caso". O promotor e o procurador, de acordo com Muiños, têm que saber relacionar-se com a imprensa, não se deixar envolver ou ser manipulado por ela. Ele faz críticas ao modo de atuação dos membros do Ministério Público que, muitas vezes, só vão atuar depois que o jornal noticiou a existência do problema na comunidade. Segundo ele, "a mídia hoje está sendo a desencadeadora de muitas ações, e o Ministério Público está agindo pautado pela imprensa".

Um dos exemplos que podem ser apresentados para caracterizar as questões aqui discutidas é a denúncia de violação do painel eletrônico do Senado, durante a votação da cassação do mandato do senador Luís Estevão de Oliveira (PMDB-DF), quando Antônio Carlos Magalhães era presidente do Senado.

No dia 19 de fevereiro de 2001, o chefe da sucursal da revista *Isto É*, em Brasília, Tales Faria, recebeu por telefone, da Procuradoria da República no Distrito Federal, a informação de que o senador Antonio Carlos Magalhães estava na sede da procuradoria junto com o seu assessor de imprensa, Fernando César Mesquita. A revista enviou dois fotógrafos para registrar a saída do senador e de seu assessor do prédio da procuradoria. Em seguida, os repórteres André Meireles e Mino Pedrosa fizeram contato com o procurador Luis Francisco de Souza, que recebera a visita do senador, junto com dois outros procuradores, Guilherme Schelb e Eliana Torelly. Os repórteres queriam obter informações sobre o que se passara nessa conversa com o senador, conversa gravada de forma clandestina, com um gravador fornecido pela *Isto É*.

Os repórteres foram então informados de que o senador orientara os procuradores sobre a melhor forma de chegar aos desvios de recursos financeiros por parte do ex-secretário-geral da Presidência, Eduardo Jorge Caldas, e conhecer o suposto envolvimento do presidente da República, Fernando Henrique Cardoso, naquele processo. Durante o encontro, o senador revelou que tinha uma lista com os nomes dos senadores que haviam votado a favor e contra a cassação do mandato do senador Luís Estevão de Oliveira, em junho de 2000, apesar da votação ter sido secreta. Nesse encontro, os repórteres tentaram convencer o procurador Luís Francisco a lhes dar acesso à gravação.

A motivação do senador Antônio Carlos Magalhães ao buscar apoio dos procuradores era estabelecer uma troca de informações. Ele queria ter acesso à gravação que incriminava o senador Jader Barbalho, seu desafeto político, que se elegera para sucedê-lo como presidente do Senado com o apoio do governo federal. Essa gravação estaria com um procurador em Brasília. Antônio Carlos Magalhães queria também acesso a um relatório do Banco Central sobre as operações de Jader Barbalho com o Banco do Pará.

A conversa do senador Antônio Carlos com os procuradores foi divulgada pela *Isto É* no dia 22 de fevereiro, numa edição especial sobre o assunto, e no dia 28 de fevereiro, com o título "Abaixo da cintura". A divulgação do teor da conversa entre os procuradores e o senador teve enorme repercussão nos jornais de grande circulação do país, nas revistas semanais, como *Veja*, e nas redes de televisão. Provocou a demissão dos ministros e altos funcionários da administração federal ligados ao senador Antônio Carlos Magalhães. Partidos políticos se mobilizaram para discutir os rumos que deveriam ser dados à apuração das denúncias.

A motivação do procurador da República Luís Francisco de Souza, ao divulgar o conteúdo da conversa com o senador Antônio Carlos Magalhães, estaria vinculada à posição que ele defendia de que sua função era a de "ajudar a sociedade a se livrar da roubalheira, do latifúndio grileiro, da dominação imperialista e da exploração dos humildes" (*Folha de S. Paulo*, 10 set. 2000).

A reação no Ministério Público a esse acontecimento mostrou que havia posições divergentes quanto à situação dos procuradores. Era evidente que Luís Francisco não estava isolado. Ele expressava a posição dos que defendiam uma ampliação do papel do órgão na luta contra a corrupção, a favor de mais controle sobre os gastos públicos e do comprometimento com a construção de uma sociedade mais justa. Nesse momento, manifestou-se também a posição dos que eram contrários à politização do órgão e que condenavam a divulgação dos processos em andamento pela mídia.

Os dois procuradores que assistiram à conversa com o senador Antônio Carlos Magalhães, Guilherme Schelb e Eliana Torelly, divulgaram uma nota na imprensa na qual desautorizavam a divulgação da conversa por se tratar de questões sob investigação do Ministério Público. Luís Francisco de Souza não quis assiná-la, porque não teria concordado com alguns pontos da nota. Durante o depoimento na Comissão de Ética do Senado, os dois procuradores defenderam a ética do Ministério Público, e Schelb afirmou: "Não aceito que o Ministério Público se torne um instrumento político ou jornalístico" (*Isto É*, 21 mar. 2001).

Luís Francisco de Souza foi denunciado por seus colegas do Ministério Público por quebra de sigilo ao divulgar a gravação da conversa com o senador. Os autores da denúncia foram os procuradores regionais da República Maria Célia Mendonça e João Francisco Sobrinho. Segundo esses procuradores, Luís Francisco de Souza não poderia ter divulgado qualquer material para a imprensa até o final das investigações. Segundo o *Jornal do Brasil* (3 ago. 2001), os procuradores denunciantes eram ligados ao procurador-geral da República, Geraldo Brindeiro, e opositores declarados de Luís Francisco de Souza.

Ao se defender das acusações, Luís Francisco de Souza afirmou que, se fosse condenado, levaria consigo 80% dos seus colegas, inclusive o próprio procurador-geral, Geraldo Brindeiro, já que eles também passavam informações sobre processos em andamento. E afirmou que "qualquer procurador ou promotor já deu informações à imprensa sobre os casos que acompanha" (*O Globo*, 4 ago. 2001). Nesse momento, a Associação Nacional dos Procuradores da República saiu em defesa de Luís Francisco de Souza e, em nota à imprensa, afirmou que "a exigência de sigilo nas investigações não pode estar acima do interesse público" (*O Globo*, 4 ago. 2001).

A imprensa colaborou para divulgar o trabalho dos procuradores e estimulou uma atitude simpática do público em relação à forma como eles atuaram. Embora alguns colunistas tenham feito ressalvas à posição do procurador Luís Francisco de Souza, as matérias eram favoráveis ao papel moralizador que ele vinha desempenhando. A *Veja*, em uma reportagem intitulada "O homem do berimbau", avaliou a atuação de Luís Francisco de Souza desde as críticas que lhe foram feitas em virtude do caso da violação do painel eletrônico do Senado até o prestígio que ele angariou com as "pessoas comuns". A revista relatou a homenagem do Movimento Negro Unificado da Bahia, que o presenteou com um berimbau de prata. A reportagem terminou com a seguinte frase: "Sai o trombone de ACM e fica o berimbau de Luís Francisco".

Em 9 de maio, a *Veja* pressionou o Senado e falou em nome da opinião pública pedindo a cassação dos dois senadores: "A hora da verdade – A opinião pública quer mandar ACM e Arruda para casa, mas o Senado ainda não sabe o que fazer".

A denúncia de Luís Francisco de Souza monopolizou o noticiário, mas nem todos os jornalistas apoiaram sua atitude e alguns se manifestaram claramente contrários ao papel que ele representou. Em sua coluna do dia 2 de março, Márcio Moreira Alves apresenta o procurador Luís Francisco de Souza como um exibicionista e afirma que ele

> é capaz de praticar os atos mais desabonadores para ganhar um retrato nos jornais ou alguns segundos nos noticiários de TV. Partidariamente comprometido com a oposição ao governo federal, falta-lhe o cometimento e a isenção política que se espera de alguém que tem a missão de buscar a verdade e de recolher provas para processar quem transgride as leis do país.

A *Folha de S. Paulo*, em texto assinado pelo jornalista Clóvis Rossi, "Fofoca democratizada", conclui que, ao publicitar as declarações de ACM, o procurador Luís Francisco nada mais fez do que democratizar fofocas dos bastidores do governo, o que, em última instância, não ajudava em nada o Brasil a se livrar da corrupção.

No final do mês de abril, a discussão sobre a violação do painel eletrônico do Senado voltou a ter destaque, principalmente após a declaração da ex-diretora da atual Secretaria Especial de Informática do Senado (Prodasen), Regina Borges, que relatou todos os passos para obter a lista dos votantes, a pedido dos senadores Antônio Carlos Magalhães e José Arruda. Com essa confissão houve mudança na atitude dos senadores e da imprensa. A *Folha de S. Paulo* passou a defender a instauração de um processo sério que garantisse as punições pertinentes aos culpados. Em 21 de abril a *Folha*, no editorial "Afastamento já", diz que a disputa entre Antônio Carlos Magalhães e Jader Barbalho atingiu proporções até então desconhecidas, e que a única saída plausível seria a renúncia de Arruda e Antônio Carlos ou, em última instância, a cassação dos três. O jornal ouviu alguns intelectuais e cientistas políticos sobre a crise que se instalara no governo devido a esse acontecimento e concluiu que essa crise estaria localizada nas disputas eleitorais de 2002.

O Senado, ao final dos trabalhos de apuração da denúncia feita pelo Conselho de Ética, indicou que os dois senadores, Antônio Carlos Magalhães e José Roberto Arruda, tiveram conhecimento da fraude do sistema eletrônico com o recebimento da lista de votação e, "no entanto, não tomaram quaisquer providências, o que manteve o sistema suscetível a novas violações" (Vertente Socialista. Folheto publicado pelo

Gabinete do senador Roberto Saturnino. Distrito Federal, Senado Federal, 2001). O comportamento dos dois senadores configurava prática de irregularidade no desempenho dos mandatos que detinham e foi considerado incompatível com a ética e o decoro parlamentar. No dia 23 de maio, por 13 votos a dois, o relatório do senador Saturnino Braga pedindo a cassação do mandato dos dois senadores foi aprovado. No dia 24, Arruda renunciou e, no dia 30, Antônio Carlos Magalhães também renunciou ao mandato para impedir a cassação dos seus direitos políticos.

Lei da mordaça

As tentativas para inviabilizar a atuação do Ministério Público no controle da atuação da administração pública e na luta contra a improbidade administrativa são constantes. Constata-se a reação vinda das áreas políticas e da administração pública no sentido de limitar a competência constitucional dos procuradores e promotores na defesa dos interesses do cidadão e do patrimônio público.

Em 1999, foram apresentados dois projetos de lei – na Câmara dos Deputados, nº 65, e no Senado, nº 536 – que impõem forte censura a promotores, juízes e autoridades policiais, que ficariam impedidos de divulgar informações referentes a processos em andamento. O projeto, que foi chamado de Lei da Mordaça, não teve andamento durante algum tempo. A volta da discussão desse projeto estaria ligada à posição de alguns congressistas contra o Ministério Público e o Poder Judiciário, responsáveis pela perda de mandato de alguns parlamentares, como Antônio Carlos Magalhães, do PFL da Bahia, José Roberto Arruda, do PSDB do Distrito Federal, e Jader Barbalho, do PMDB do Pará.

O projeto prevê multas, impõe censura a promotores, juízes e autoridades policiais, estabelece perda de função pública e até pena de prisão, que pode variar de seis meses a dois anos, para autoridades que revelem à imprensa detalhes de inquéritos ou processos que estejam sob sua responsabilidade.

Ocorre que o projeto de lei incide sobre várias outras leis já existentes, como a Lei nº 4.898, de 9 de dezembro de 1965, que regula o direito de representação contra autoridades que, no exercício de suas funções, cometerem abusos; a Lei nº 7.960, de 21 de dezembro de 1989, que dispõe sobre prisão temporária; a Lei nº 8.429, de 2 de junho de 1992, que dispõe sobre sanções aplicáveis aos agentes públicos nos casos de enriquecimento ilícito. Assim, não é preciso criar novas leis para punir possíveis erros. O Código Penal oferece mecanismos legais para que os cidadãos possam se defender das autoridades arbitrárias.

Em 2007, o deputado Paulo Maluf apresentou o Projeto de Lei nº 265, na mesma direção do anterior, pretendendo estabelecer pena para os membros do Ministério Público que entrarem com ação contra políticos motivados supostamente por promoção pessoal, má-fé ou perseguição política. A proposta determina ainda que a associação ou membro do Ministério Público responsável pela ação deverá pagar multa equivalente a 10 vezes o valor das custas processuais mais os honorários advocatícios.

Em seu discurso de apresentação do projeto, Maluf referiu-se ao processo que sofreu por ter comprado, com recursos públicos, os carros para presentear os jogadores de futebol que haviam conseguido o tricampeonato mundial. A ação foi aberta em 1970 e a decisão final, que o absolveu da acusação de abuso do poder econômico, só foi dada em 2006. Maluf diz: "o que gastei de dinheiro com advogados nestes anos foi bem mais caro do que o total gasto com os carros".

Pelo projeto de Maluf, os integrantes do Ministério Público que entrarem com ação judicial contra um político sem ter provas concretas para embasar uma denúncia de corrupção serão condenados a pagar, do próprio bolso, as custas judiciais e as despesas do acusado com advogados. Além disso, correrão o risco de pagar indenização por danos morais e materiais ao denunciado e de ser condenados a até 10 meses de prisão. No caso de esse projeto ser aprovado, os principais instrumentos de combate à corrupção – Lei de Ação Popular, a Lei da Ação Civil e a Lei de Improbidade Administrativa – correm o risco de ser esvaziadas.

O projeto viola o princípio da igualdade, pois favorece só os políticos e não atinge os demais brasileiros que não têm foro privilegiado para as ações civis ordinárias. Os críticos do projeto argumentam que os políticos que se envolvem em desvios financeiros podem pagar bons advogados para se defender, enquanto o cidadão comum, quando se torna vítima de um erro policial, de um juiz ou promotor, sem chance de defesa, não tem dinheiro suficiente para se defender. A lei virá não para proteger a honra do cidadão em geral. Ela pretende proteger legalmente aqueles que usam indevidamente o dinheiro público.

Em junho de 2009, quando o projeto estava sendo discutido no Senado, foi lançada grande campanha pela Associação Nacional dos Membros do Ministério Público (Conamp) que teve a participação de sete outras entidades representativas do Ministério Público, da magistratura e da sociedade civil em geral: Associação Nacional de Procuradores da República (Anpro), Associação dos Magistrados Brasileiros (AMB),

Associação Nacional dos Procuradores do Trabalho (ANPT), Associação dos Juízes Federais do Brasil (Ajufe), Associação Nacional do Ministério Público Militar (ANMPM), Associação do Ministério Público do Distrito Federal e territórios (AMPDF) e Associação Nacional dos Magistrados da Justiça do Trabalho (Anamatra). Foi elaborado um manifesto, entregue ao presidente da Câmara dos Deputados e ao presidente do Senado. A campanha contra a Lei Maluf se estendeu a todos os estados da Federação.

Notas finais

Este texto procurou apresentar um resumo do processo de formação e atuação do nosso Ministério Público ao longo do período republicano e mais especificamente a partir da Constituição de 1988.

É necessário acrescentar que a Constituição de 1988 muito ampliou os direitos fundamentais do cidadão brasileiro e criou instrumentos legais para garantir o acesso da maioria da população à Justiça. No entanto, observa-se que há um constante desrespeito aos direitos assegurados pela Constituição. Muitos dos direitos e garantias inscritos na Constituição continuam sem a devida proteção. O Ministério Público, que deveria exercer o papel de agente da mudança social, encontrou grandes obstáculos para o seu pleno desenvolvimento. Sua dependência do Poder Judiciário e da polícia pode ser uma das variáveis que dificultam ou mesmo impedem o bom funcionamento da instituição. Outros fatores concorrem para que a instituição não seja de fato um instrumento de inclusão social, garantidor da lei.

Isso parece indicar que o Ministério Público se apresenta como uma instituição altamente burocratizada, rotineira e com baixos índices de eficiência. O baixo grau de institucionalização do Ministério Público, aliado à falta de regulamentação dos mecanismos de ação de seus membros para responder às novas atribuições, tem permitido respostas individualizadas no encaminhamento de suas ações. Essa nossa afirmação está baseada no trabalho realizado por Rosana Heringer, José Carlos Buzanello e Adriana Valle Mota (1994).

Esses autores trabalharam com 231 inquéritos de crimes contra crianças e adolescentes no ano de 1991, no Rio de Janeiro, e estudaram o andamento das investigações feitas pelas autoridades policiais e pelo Ministério Público. Uma primeira constatação é que esses crimes não tiveram repercussão na imprensa, talvez pelo fato de terem sido praticados no interior do estado ou na Baixada Fluminense. Em segundo lugar, porque as mortes foram individuais, as vítimas eram pobres e não houve pressão da comunidade sobre a polícia e o Ministério Público. Não havia advogados particulares representando os interesses das famílias das vítimas. A avaliação é de que

> a polícia faz menos do que deveria e poderia fazer nestes casos de homicídios; e o Ministério Público, por sua vez, que deveria cobrar mais eficácia e celeridade do trabalho policial, limita-se, na maioria dos casos, a despachos lacônicos que apenas prorrogam prazos ou ratificam as solicitações do delegado (Heringer et al., 1994:38).

Os autores da pesquisa mostram ainda que

> muitos foram os inquéritos em que constatou-se negligências por parte tanto dos policiais quanto do Ministério Público. Há desde casos extremos – em que o inquérito tem o andamento apenas

de dois meses (embora tenha sido recolhido para pesquisa um ano depois de instaurado), contendo o Registro de Ocorrência e uns poucos termos de declaração – até inquéritos que, apesar de bem instruídos, contêm falhas na solicitação de peças à polícia técnica, por exemplo, sem que o Ministério Público tenha se manifestado em relação às mesmas (Heringer et al., 1994:38).

A questão do acesso individual à Justiça é outro elemento que deve ser destacado na análise do desempenho do Ministério Público. Como já foi apontado por vários estudiosos do tema, o Brasil é um país que apresenta um alto índice de desigualdade social e grande contingente de excluídos. Esse fato determina uma grande desigualdade jurídica e dificuldades da população de acesso à Justiça. Como mostra Boaventura de Sousa Santos (1989:48), "os cidadãos de menores recursos tendem a conhecer pior os seus direitos e, portanto, a ter mais dificuldades em reconhecer um problema que os afeta como sendo problema jurídico".

Santos (1989:48) apresenta ainda outros fatores que contribuem para o afastamento da população de baixa renda da Justiça. Ele mostra que

mesmo reconhecendo o problema como jurídico, como violação de um direito, é necessário que a pessoa se disponha a interpor a ação. Os dados mostram que os indivíduos das classes baixas hesitam muito mais que os outros a recorrer aos tribunais mesmo quando reconhecem estar perante um problema legal.

E que, mesmo reconhecendo estar diante de um problema jurídico e tendo desejo de recorrer aos tribunais, isso não é suficiente para que a iniciativa seja tomada. Ainda lembra que quanto mais baixo é o estrato econômico do cidadão menos provável é que conheça advogado ou que tenha amigos que conheçam advogados, menos provável é que saiba onde e como e quando pode contatar o advogado, e maior é a distância geográfica entre o lugar onde vive ou trabalha e a zona da cidade onde se encontram os escritórios de advocacia e os tribunais (Santos, 1989:49).

Boaventura de Sousa Santos (1989:49) conclui que a discriminação social no acesso à Justiça é um fenômeno muito mais complexo do que à primeira vista pode parecer, "já que para além das condicionantes econômicas, sempre óbvias, envolve condicionantes sociais e culturais resultantes de processos de socialização e de interiorização de valores dominantes muito difíceis de transformar".

A existência do Ministério Público com as atribuições inscritas na Constituição de 1988 indica que a distância do acesso à Justiça no país está em processo de importante alteração. Basta observar que a impunidade administrativa e a não observância dos direitos dos cidadãos estão sendo ameaçadas pela atuação do Ministério Público. Ele se tornou o agente principal do processo de investigar, instaurar inquérito civil e pedir a punição à Justiça dos transgressores da lei. Suas ações políticas têm levado à instalação de CPIs no Poder Legislativo e, em alguns casos, à cassação de mandatos de políticos. É importante lembrar que o Ministério Público não tem a função de julgar nem de punir, funções que cabem ao Poder Judiciário.

Bibliografia

ABREU, Alzira Alves. Ouvindo as narrativas dos procuradores da Justiça e dos jornalistas. *Clio – Revista de Pesquisa Histórica*, Programa de Pós-Graduação em História, UFPE, Recife, n. 24, 2006.

_____. O Ministério Público do Estado do Rio de Janeiro: atuação e relação com a imprensa. In: GOMES, Angela de Castro (Coord.). *Direitos e cidadania*: justiça, poder e mídia. Rio de Janeiro: FGV, 2007.

ARANTES, Rogério Bastos. Direito e política: o Ministério Público e a defesa dos direitos coletivos. *Revista Brasileira de Ciências Sociais*, Anpocs, São Paulo, v. 14, n. 39, 1999.

_____. Ministério público e corrupção política em São Paulo. In: SADEK, Maria Tereza (Org.). *Justiça e cidadania no Brasil*. São Paulo: Sumaré/Idesp, 2000.

_____. *Ministério Público no Brasil*. São Paulo: Fapesp, 2002. (Série Justiça).

AXT, Günter. *Ministério Público no Rio Grande do Sul*: evolução histórica. Porto Alegre: Procuradoria-Geral de Justiça/Projeto Memória, 2001.

BENEVIDES, David Costa. *O Ministério Público e a defesa dos interesses individuais homogêneos*. 2002. Disponível em: <http://jus2.uol.com.br/doutrina/texto.asp?id=3485>.

CAVALCANTI, Rosângela Batista. *Cidadania e acesso à Justiça*: promotores de Justiça da comunidade. São Paulo: Idesp, 1999.

CHAIA, Vera; CHAIA, Miguel. *Mídia e política*. São Paulo: Estudos de Pós-Graduação em Ciências Sociais/PUC-SP, 2000.

_____; TEIXEIRA, Marco Antônio. Máfia dos fiscais. In: CHAIA, Vera; CHAIA, Miguel (Orgs.). *Mídia e política*. São Paulo: Estudos de Pós-Graduação em Ciências Sociais; PUC - SP, 2000

CHARON, Jean-Marie; FURET, Claude. *Un secret si bien violé*. La Loi, le Juge et le journaliste. Paris: Seuil, 2000.

FERRAZ, Antonio Augusto Mello de Camargo. Anotações sobre os ministérios públicos brasileiro e americano. *Justitia*, São Paulo, v. 50, n. 144, out./dez. 1988.

HERINGER, Rosana et al. *Voltar a morrer*. Rio de Janeiro: Ibase, 1994.

JALLES, Christiane. Cidadania, investigação criminal e controle externo da polícia: a atuação do Ministério Público do estado do Rio de Janeiro. In: GOMES, Angela de Castro (Coord.). *Direitos e cidadania, poder e mídia*. Rio de Janeiro: FGV, 2007.

JATAHY, Carlos Roberto de C. *O Ministério Público e o Estado Democrático de Direito*. Rio de Janeiro: Lumen Juris, 2007.

KERCHE, Fábio. O Ministério Público e a Constituinte de 1987/88. In: SADEK, Maria Tereza. *O sistema de justiça*. São Paulo: Idesp, 1999.

LICKS, Terezinha Matilde. Combate ao trabalho escravo. A atuação do Ministério Público do Trabalho. Brasília, 2002. Disponível em: <www.oitbrasil.org.br/trabalho/trabalho_escravo-reduzido>.

MACEDO Júnior, Ronaldo Porto. A evolução institucional do Ministério Público brasileiro. In: SADEK, Maria Tereza (Org.). *Uma introdução ao estudo da Justiça*. São Paulo: Idesp, 1995. (Série Justiça).

MACIEL, Débora Alves. Conflito social, meio ambiente e sistema de Justiça: notas sobre o novo papel do Ministério Público na defesa de interesses difusos. *Sociologia*, USP, São Paulo, n. 8, p. 5-27, 2ª sem. 2001.

_____; KOERNER, Andrei. Sentidos da judicialização da política: duas análises. *Lua Nova*, n. 57, 2002. p. 113-133.

MAZZILLI, Hugo Nigro. *O Ministério Público na Constituição de 1988*. São Paulo: Saraiva, 1989.

MINISTÉRIO DA JUSTIÇA. *Diagnóstico*: Ministério Público dos Estados. Brasília: Secretaria da Reforma do Judiciário, 2006.

MINISTÉRIO PÚBLICO FEDERAL. Defesa do meio ambiente. Disponível em: <www.pgr.mpf.gov.br>.

ROMEO, Christiane Itabaiana Martins. *De acusador a fiscal da lei*: o Ministério Público em busca de nova identidade. As Centrais de Inquérito no Rio de Janeiro. Tese (Doutorado) – Iuperj, Rio de Janeiro, 2002.

SADEK, Maria Tereza (Org.). *Justiça e cidadania no Brasil*. São Paulo: Idesp/Sumaré, 2000.

_____ (Org.). *Acesso à Justiça*. São Paulo: Fundação Konrad Adenauer, 2001

_____; LIMA, Fernão Dias de (Consultoria). *Diagnóstico do Ministério Público dos Estados*. Brasília: Gráfica Cidade, 2006.

_____; CASTILHO, Ela Wiecko Wolkmer de. *O Ministério Público Federal e a administração da Justiça no Brasil*. São Paulo: Idesp, 1998.

SANCHES FILHO, Alvino Oliveira. Experiências institucionais de acesso à Justiça no estado da Bahia. In: SADEK, Maria Tereza (Org.). *Acesso à Justiça*. São Paulo: Fundação Konrad Adenauer, 2001.

SANTOS, Boaventura de Souza. *Introdução a uma ciência pós-moderna*. São Paulo: Graal, 1989.

SOARES, José Luiz de Oliveira. *Ministério Público, meio ambiente e sociedade*. Dissertação (Mestrado) – Programa de Pós-Graduação em Sociologia e Antropologia/Universidade Federal do Rio de Janeiro, Rio de Janeiro, 2007.

VIANNA, Luiz Werneck (Org.). *A democracia e os três poderes no Brasil*. Belo Horizonte: UFMG; Rio de Janeiro: Faperj, 2000.

Entrevistas

ASSAYAG, Maurício. Rio de Janeiro, 2 dez. 2006.

BISCAIA, Antonio Carlos. Rio de Janeiro, 15 maio 2006.

FROSSARD, Denise. Rio de Janeiro, 21 ago. 2005.

JATAHY, Carlos Roberto. Rio de Janeiro, 7 abr. 2006.

LEITE, Heloisa Maria Daltro. Rio de Janeiro, 11 set. 2006.

MARTINS, Marfan Vieira. Rio de Janeiro, 23 mar. 2006.

PINHEIRO FILHO, José Muiños. Rio de Janeiro, 14 e 20 maio 2003, 3 e 11 jun. 2003.
SANTANA, Gláucia Maria da Costa. Rio de Janeiro, 28 set. 2006.
SIMON, Sandra Lia. Rio de Janeiro, Cpdoc, 1 fev. 2005.
TERRA, Rodrigo. Rio de Janeiro, 24 jan. 2006.

Livros publicados pela Coleção FGV de Bolso

(01) *A história na América Latina – ensaio de crítica historiográfica* (2009)
de Jurandir Malerba. 146p.
Série 'História'

(02) *Os Brics e a ordem global* (2009)
de Andrew Hurrell, Neil MacFarlane, Rosemary Foot e Amrita Narlikar. 168p.
Série 'Entenda o Mundo'

(03) *Brasil-Estados Unidos: desencontros e afinidades* (2009)
de Monica Hirst, com ensaio analítico de Andrew Hurrell. 244p.
Série 'Entenda o Mundo'

(04) *Gringo na laje – produção, circulação e consumo da favela turística* (2009)
de Bianca Freire-Medeiros. 164p.
Série 'Turismo'

(05) *Pensando com a sociologia* (2009)
de João Marcelo Ehlert Maia e Luiz Fernando Almeida Pereira. 132p.
Série 'Sociedade & Cultura'

(06) *Políticas culturais no Brasil: dos anos 1930 ao século XXI* (2009)
de Lia Calabre. 144p.
Série 'Sociedade & Cultura'

(07) *Política externa e poder militar no Brasil: universos paralelos* (2009)
de João Paulo Soares Alsina Júnior. 160p.
Série 'Entenda o Mundo'

(08) *A mundialização* (2009)
de Jean-Pierre Paulet. 164p.
Série 'Sociedade & Economia'

(09) *Geopolítica da África* (2009)
de Philippe Hugon. 172p.
Série 'Entenda o Mundo'

(10) *Pequena introdução à filosofia* (2009)
de Françoise Raffin. 208p.
Série 'Filosofia'

(11) *Indústria cultural – uma introdução* (2010)
de Rodrigo Duarte. 132p.
Série 'Filosofia'

(12) *Antropologia das emoções* (2010)
de Claudia Barcellos Rezende e Maria Claudia Coelho. 136p.
Série 'Sociedade & Cultura'

(13) *O desafio historiográfico* (2010)
de José Carlos Reis. 160p.
Série 'História'

(14) *O que a China quer?* (2010)
de Matias Spektor e Dani Nedal (Orgs.). 136p.
Série 'Entenda o Mundo'

(15) *Os índios na História do Brasil* (2010)
de Maria Regina Celestino de Almeida. 164p.
Série 'História'

(16) *O que é o Ministério Público?* (2010)
de Alzira Alves de Abreu. 124p.
Série 'Sociedade & Cultura'